ESTE LIBRO PERTENECE A...

_____

_____

CUÑADISMO

Papel certificado por el Forest Stewardship Council®

Primera edición: noviembre de 2025

© 2025, Penguin Random House Grupo Editorial, S. A. U. / Victoria Blanco, por el texto
© 2025, Penguin Random House Grupo Editorial, S. A. U.
Travessera de Gràcia, 47-49. 08021 Barcelona
Recursos de interior: iStock y Shutterstock
Diseño del interior: Carol Borràs

Printed in Spain – Impreso en España

ISBN: 978-84-02-43107-3
Depósito legal: B-16.327-2025

Compuesto por Juan Carlos Bermudo Gracia
Impreso en Huertas Industrias Gráficas, S. A.
Fuenlabrada (Madrid)

BG 31073

CUÑADISMO

Con chistes, chascarrillos y frases míticas para triunfar como el mejor *cuñao*

ÍNDICE

Querido cuñado:

La persona que te ha regalado este libro te considera un verdadero cuñado. Es todo un honor que goces de tal consideración, pues el papel de un cuñado es esencial en nuestra sociedad actual. ¿Quién, si no tú, haría el chiste perfecto en el momento perfecto? ¿Quién, si no tú, se atrevería a pedir la cuenta de la forma más rocambolesca posible? ¿Quién, si no tú, sabría más de absolutamente todo?

El libro que tienes en las manos es la prueba fehaciente de que necesitamos cuñados en nuestra vida. Tu deber ahora es desarrollar tu cuñadismo hasta su máximo potencial, absorber todo el conocimiento que se encuentra en estas páginas y regalarle al mundo más momentos incómodos, risas desternillantes, chistes más viejos que tu abuela y cervezas con mucha espuma (incluso si te has afeitado esta mañana).

Pon a prueba tus habilidades y desarrolla tu creatividad cuñadil. Escribe en los márgenes, inventa nuevos chistes, subraya los mejores chascarrillos para soltarlos en tu próxima comida de empresa y dedícale tus mejores frases a cualquiera que se atreva a escucharte. ¡No te cortes!

¡Disfruta de la experiencia y conviértete en el mejor cuñado del mundo!

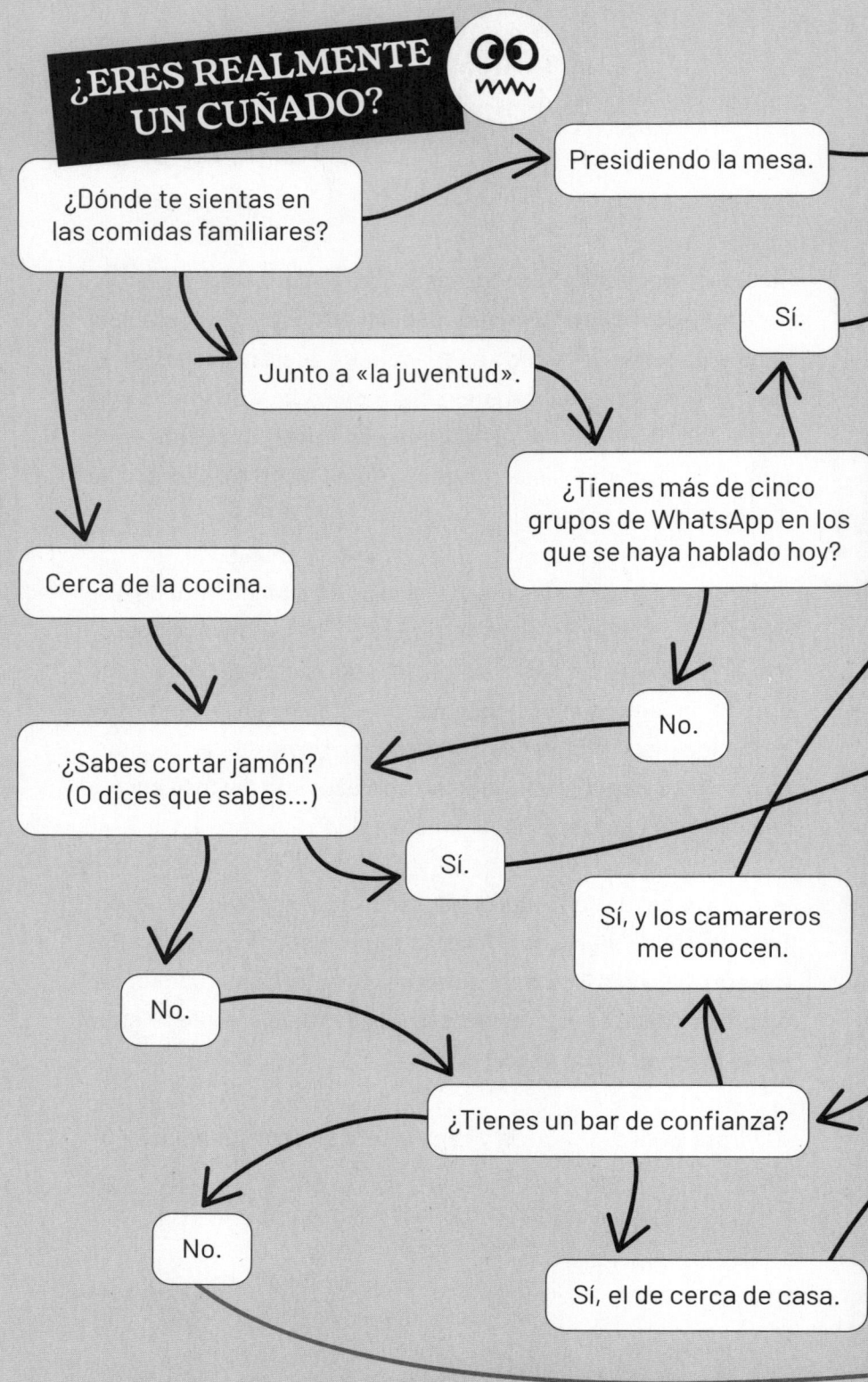

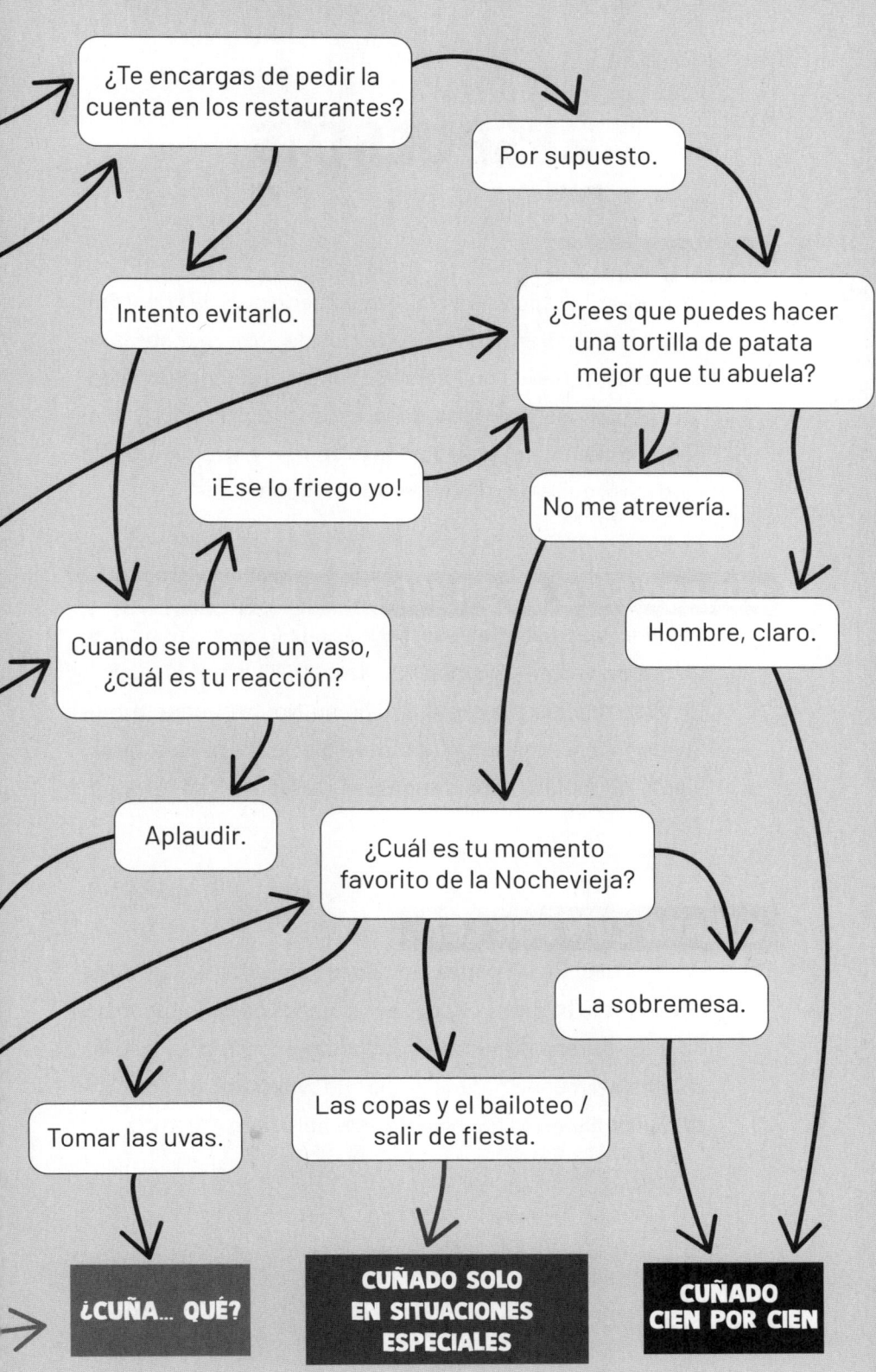

RESPUESTAS

¿CUÑA... QUÉ?

Ni lo eres ni te acercas a ello. Te da miedo pedir la cuenta en el bar, te tragas en silencio los cortes de otros miembros de tu familia y, cuando realmente sabes mucho sobre un tema, no intentas alardear más de lo necesario. ¡No pasa nada! Todos tenemos un pasado. Pero, con las herramientas de este libro, quizá puedas subir de categoría.

CUÑADO SOLO EN SITUACIONES ESPECIALES

Te sabes las frases básicas, podrías pasar desapercibido en un bar de carretera con servilletas y palillos por el suelo... ¡y hasta sueltas tus chascarrillos en Nochebuena! Aún te queda mucho por aprender, joven discípulo, pero el cuñadismo no es una simple moda: el cuñadismo se lleva por dentro.

CUÑADO CIEN POR CIEN

¡Y orgulloso! En las cenas familiares solo estás atento a poder soltar tu bromita, te pueden las ganas de coger por banda al camarero de turno ¡e incluso compartes los peores chistes del mundo por tus grupos de WhatsApp de confianza! Sin duda, estás hecho para este libro. Lee y disfruta.

LOS MANDAMIENTOS DEL BUEN CUÑADO

1 **Un buen cuñado sabe de todo y no sabe de nada.** Si tu sobrino se va de viaje, por supuesto que tendría que haberte consultado antes porque te sabes los mejores hoteles de Alemania. Aunque no hayas viajado a Alemania desde el Erasmus...

2 **Un buen cuñado cocina con la mente.** Si entras en la cocina, sabrás detectar a la perfección que esas torrijas no están tan ricas como las tuyas, porque tú mides la temperatura del aceite con un truco de tu prima segunda que no sabe nadie más.

3 **Un buen cuñado habla, y luego analiza.** Es importante que des tu opinión en todo momento, aunque nunca antes te hubieras puesto a pensar en las salidas laborales que tiene la carrera de etnomusicología.

4 **Un buen cuñado es omnipresente.** Están en todas partes, ya seas tú o cualquiera de tus concuñados: en el bar, en las comidas familiares, en las gradas de los partidos de fútbol, detrás de tu butaca en el cine o visitando al mecánico de turno.

5 **Un buen cuñado es, por encima de todas las cosas, español.** Da igual que no hayas visto una competición de atletismo en tu vida, durante los Juegos Olímpicos tú te dejarás la garganta por cualquier corredor con camiseta roja. ¡Y no hablemos del mundial! El único momento en el que podrás defender a los jugadores con los que te has metido en cada partido de la Liga.

6 **Un buen cuñado conoce a todo el mundo.** Siempre tienes un primo, un conocido, un amigo o un enemigo que puede hacerte un favor, conseguirte una entrada o pasarte información privilegiada. Y, si no lo tienes, el amigo del cuñado eres tú.

7 **Un buen cuñado no tiene edad.** Da igual si todavía no tienes a ningún hermano casado o si llevas más de treinta años siendo el cuñado de confianza. El cuñadismo se lleva por dentro, no importa la edad que tengas, siempre podrás intentar alcanzar la excelencia.

8 **Un buen cuñado no necesita actualizarse.** Chiquito de la Calzada será siempre uno de tus grandes referentes, y no le ves sentido a las nuevas modas de TikTok, a los nuevos *influencers woke* o al humor de siete segundos de las redes. ¡Con la gracia que hace un chiste clásico que has contado cinco veces en la última semana!

9 **Un buen cuñado es invencible.** Nunca dejarás que te pongan en duda, nunca permitirás que te contrargumenten una opinión categórica y nunca admitirás en voz alta que te has equivocado.

10 **Un buen cuñado no tiene vergüenza.** Para contar el mejor chiste en el momento preciso, no puedes dudar dos veces de tu capacidad humorística. ¡Suelta tu chascarrillo! Y si nadie se ríe es porque no lo han pillado. ¡Vuelve a contarlo!

Aunque esos eran los mandamientos que todo buen cuñado debe cumplir, nunca están de más los consejos y tips para hacer crecer tu respetable figura en tu interior.

(1) Un buen cuñado siempre tiene una caja de herramientas. La uses o no, siempre debe estar a mano para prestársela a un vecino.

(2) Un buen cuñado siempre tiene en la boca un «te lo dije». Porque no hay cosa de la que no te hayas percatado antes que nadie.

(3) Un buen cuñado sabe dónde están todos los radares de las carreteras. Y, si te saltas uno, ya sabes qué excusa poner: «¡Cabrones! ¡Lo han puesto móvil!».

(4) Un buen cuñado no tiene paciencia. Ya sea en medio de un atasco o esperando a que se ponga verde el semáforo, el claxon es tu mejor amigo.

(5) Un buen cuñado siempre debe contar con su parienta. Y, aunque intentes evitarla en público, sabes bien que ella es la que lleva los pantalones.

(6) Un buen cuñado siempre alardea de lo que bebe. Si es vino tinto, es el mejor vino tinto del mundo. Si es cerveza, la importan directamente de Alemania. Y, si es café, no vas a probar uno mejor en tu vida.

(7) Un buen cuñado no usa protección solar. Tú estás por encima de eso.

8 **Un buen cuñado siempre está atento a los hielos.** No le pedirás a la gente el abrigo cuando entren en casa, pero siempre, ¡siempre!, controlarás que no falten hielos allí a donde vayas.

9 **A un buen cuñado siempre «le han contado que...».** Jamás admitas que has vivido esa experiencia si no ha sido positiva: usa siempre la muletilla de que le pasó a un primo tuyo.

10 **Un buen cuñado sabe detectar sabores donde no los hay.** Ya sea en una cata de vinos, donde serás el primero en degustar las notas de naranja, o en el trampantojo de tu sobri vegana cuando te cuente que el paté que acabas de probar no lleva ese «jamón» que has notado al momento.

11 **Un buen cuñado no necesita GPS.** Tú te orientas con los carteles o la posición del sol o haces uso de tu gran memoria. ¡Y nunca tienes que pedir indicaciones!

12 **Un buen cuñado no necesita abuela.** Te tienes a ti mismo para llenarte de flores.

13 **Un buen cuñado aparca con los ojos cerrados.** Además, tienes un detector de huecos clavados para el tamaño de tu coche.

14 **Un buen cuñado sabe detectar un buen bar.** Ya sea por las servilletas en el suelo, la barra pegajosa o las fotografías de los platos colgadas en la pared. Un cuñado nunca revela sus trucos.

NOTAS

Apunta aquí otros mandamientos que consideras imprescindibles para ser un buen cuñado. Porque un buen cuñado tiene el deber de actualizarse con los tiempos.

1. _____

2. _____

3. _____

4. _____

5. _____

6. _____

7. _____

8. _____

9. _____

10. _____

101 FORMAS DE PEDIR LA CUENTA

Pedir la cuenta es todo un arte y, si el camarero es tu cómplice, entonces no tienes nada que perder. Deslumbra con tu originalidad y escoge la mejor manera de pedir la dolorosa. ¡Papel y boli!

1. ¿Me traes la multa y a un guardia que corra poco?

2. ¡Camarero! La cuenta y el martillo, que el clavo ya nos lo has metido.

3. Oiga, juez, tráigame la condena.

4. Tráeme la innombrable.

5. Dime qué te debo y por qué tanto.

6. Cuando te traigan la cuenta, échale un buen vistazo y di: «Quítale el precio, hombre, que es para regalo».

7. Si la cifra final te supera, siempre podrás añadir: «¿Qué hemos roto?».

8. ¡Jefe, la dolorosa!

9. Si quieres escurrir el bulto, cuando te llegue la cuenta siempre puedes comentar: «No, gracias, estoy lleno».

10. ¿Eres creyente? Pues que Dios te lo pague.

11. Niño, ¿de cuánto es el disparo?

12. Doctor, páseme la receta.

13. Cóbrate barato, niño.

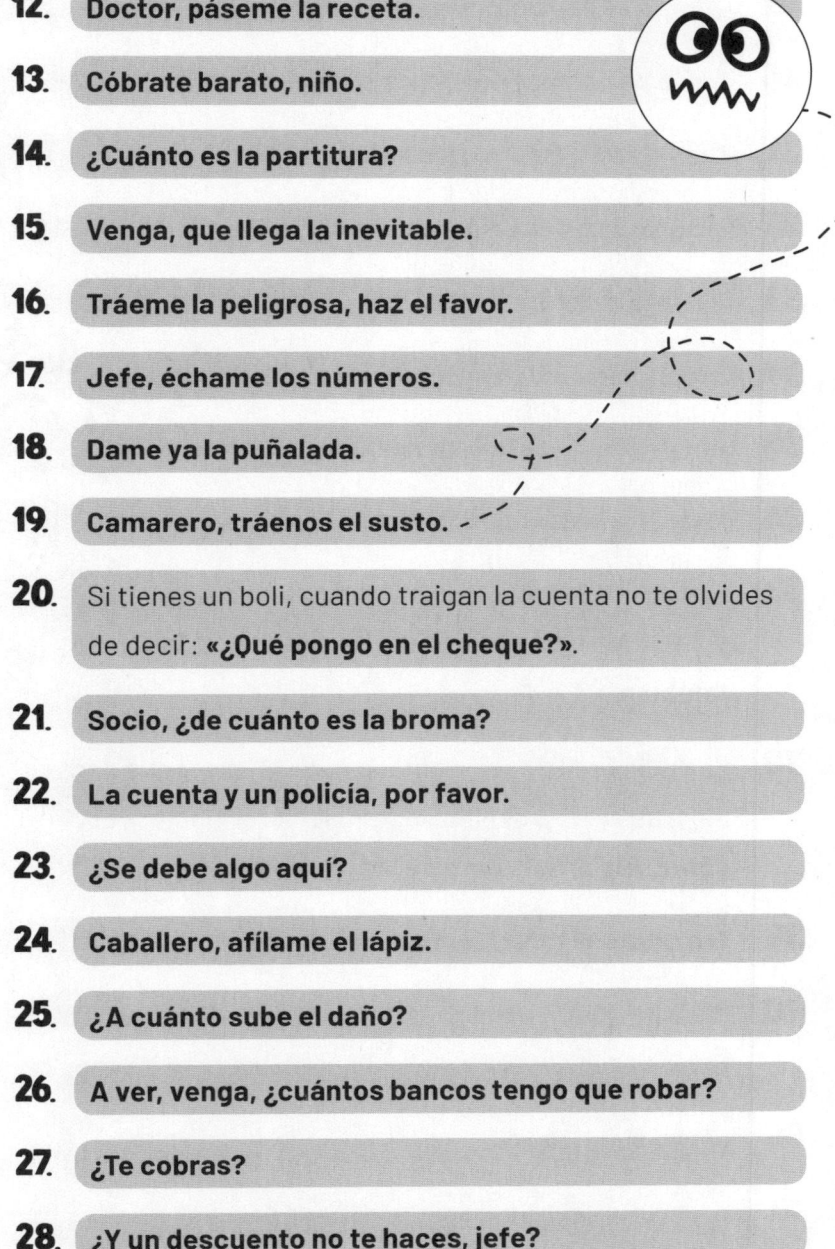

14. ¿Cuánto es la partitura?

15. Venga, que llega la inevitable.

16. Tráeme la peligrosa, haz el favor.

17. Jefe, échame los números.

18. Dame ya la puñalada.

19. Camarero, tráenos el susto.

20. Si tienes un boli, cuando traigan la cuenta no te olvides de decir: «¿Qué pongo en el cheque?».

21. Socio, ¿de cuánto es la broma?

22. La cuenta y un policía, por favor.

23. ¿Se debe algo aquí?

24. Caballero, afílame el lápiz.

25. ¿A cuánto sube el daño?

26. A ver, venga, ¿cuántos bancos tengo que robar?

27. ¿Te cobras?

28. ¿Y un descuento no te haces, jefe?

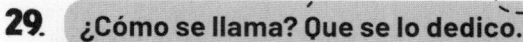

29. ¿Cómo se llama? Que se lo dedico.

30. ¡Jefe, la cuenta! Que paga el niño.

31. Camarero, ¿quieres que te pague?

32. Tráete la factura cuando puedas.

33. *Il conto*, por favor.

34. Jefe, ¿llega antes la cuenta o la 33?

35. Amigo, tengo la tarjeta caliente. ¡Cóbrate!

36. Maestro, ¡el papelito!

37. Si te ha parecido muy caro, nunca está de más comentar: **«¿Es que hemos invitado a los de al lado también?»**.

38. Si alguien se te ha adelantado para anunciar que paga el niño, atrévete a decirlo de forma más elegante: **«Esta cóbrasela al heredero de las deudas»**.

39. Tramítate el tíquet, amigo.

40. Si la cifra final es desorbitada, una vieja opción de lo más fiable es decir: **«¿Esto qué es?, ¿la cláusula de Mbappé?»**.

41. ¡Jefe, el finiquito!

42. En cuanto llegue el camarero con el papelito, no te olvides de decir: **«¿Tengo que fregar muchos platos?»**.

43. ¿Cerramos la noche, monstruo?

44. A ver esa sentencia.

45. Ojo, cuidado, no se os vaya a hacer tarde y sea el camarero el que se acerque a tu mesa con la cuenta maldita y un comentario al estilo: **«Aquí os dejo esto, que vamos a ir cerrando»**.

46. ¿Me traes la venenosa?

47. Vamos a echar números, pero que resten más que sumen, ¿eh?

48. Niño, ponme una cuenta, pero ¡cortita!

49. Cuando te la traigan, si quieres ir de moderno, puedes decir esto que está tan de moda de **«a mí me están grabando»**.

50. ¿De cuánto es el sablazo?

51. ¡La dicción, por favor!

52. Oye, dime cuánto es y por qué tan caro, anda.

53. Dime qué te doy, aparte de pena.

54. El papelito con los numeritos cuando puedas.

55. ¿La cuenta me la pones con un poquito de vaselina, por favor?

56. Jefe, la cuenta y un billete de lotería. A ver si hay suerte, toca y te lo puedo pagar.

57. Tráeme la anestesia, y luego, si eso, ya la cuenta.

58. ¿Me traes la cuenta o nos hacemos un *simpa*?

59. Ante la dolorosa cifra, siempre puedes comentar: **«Oiga, pero esto está en pesetas, ¿no?»**.

60. La cuenta, por favor, antes de que nos dé tiempo a pedir el postre.

61. Niño, ponme la cuenta, pero poco hecha.

62. Como alternativa, siempre puedes ondear un billetito de 10 mientras llamas al camarero. ¡Nunca falla!

63. Maestro, ¡que le has sumado la fecha al recibo!

64. A ver, ¿por cuánto nos vamos a pelear?

65. Oye, cuando quieras me pegas el susto.

66. Caballero, ¿cuánto le dejamos a deber?

67. No te olvides de añadir, cuando la tengas delante: **«Pero esto es sin IVA, ¿no?»**.

68. ¿Cerramos números, maestro?

69. Si sabes silbar, puedes demostrárselo a todo camarero de todo bar que pises.

70. ¿Vamos cerrando el chiringuito o qué?

71. Me escribes el tíquet, cuando puedas.

72. Otra opción para vacilar cuando te traigan la cuenta es: **«No, no, te he pedido la cuenta, no tu número de teléfono».**

73. Apúntame la cuenta en hielo y me lo pones al sol, haz el favor.

74. Niño, ¿cuánto te importo?

75. **¿Nos pones la multa y un digestivo?** (Así, aunque te toque pagar, al menos te llevas un chupito de la casa).

76. Por supuesto, no puede faltar el clásico comentario: **«A esto invita la casa, ¿no?».**

77. ¡Échame la cartilla!

78. ¿Cuánto duele el follón este?

79. Recuerda que, si tardan unos minutos de más en traerte la cuenta, el comentario obligatorio es: **«Ya me iba sin pagar».**

80. ¡La cuenta para el compañero!

81. Mira a ver qué te deben estos chicos.

82. ¿Y cuántos órganos va a valer todo esto?

83. Niño, dime qué te doy aparte de miedo.

84. Joven, ven, que vamos a hablar de numismática.

85. Aprovecha que el camarero te está trayendo la cuenta para pedirle: «Una Coca-Cola Zero..., como la propina que te voy a dejar».

86. Si puedes, no me cobres, haz el favor.

87. Jefe, ¡el autógrafo!

88. ¿Firmamos los papeles?

89. Si tardan en traerte la dolorosa, tira de una buena excusa: «Niño, la cuenta, que lo tengo aparcado en doble fila».

90. ¿Nos traes la cuenta o quieres que nos quedemos a desayunar?

91. Oye, que te he pedido la cuenta, no el traspaso del local.

92. Y, si eso no sirve, cámbialo por: «¿Estáis fabricando la cuenta o qué?».

93. La cuenta, hombre, que estos señores se querrán ir a dormir.

94. Niño, ¡la fractura!

95. O me traes la cuenta pronto o voy a salir corriendo...

96. ¿Nos echas ya o nos vas a cobrar antes?

97. Cuando te la dejen en la mesa, no la mires directamente y di: **«Uf, me tiembla hasta la tarjeta de verlo...»**.

98. Hazme la cuenta, pero con cariño.

99. Jefe, ¿de cuánto es el golpe?

100. ¿Liquidamos esto, socio?

101. Y, ante todo, no te olvides de la más importante: pide la cuenta firmando en el aire. Esta es universal.

NOTAS

Si todavía eres capaz de inventar una nueva fórmula o eres de los que hacen los chistes personalizados a cada camarero, utiliza estas páginas para dar rienda suelta a tu imaginación. ¡O para hacer los números con el «jefe»!

1. _____

2. _____

3. _____

4. _____

5. _____

6. _____

7. _____

8. _____

9. _____

10. _____

11. _____

12. _____

13. _____

14. _____

15. _____

16. _____

17. _____

18. _____

19. _____

20. _____

21. _____

22. _____

23. _____

24. _____

25. _____

EL CUÑADÓMETRO

Ser un buen cuñado también implica elegir tus batallas y saber cuándo incluir chascarrillos sin miedo al éxito. La comodidad del hogar aporta confianza, pero no te acostumbres. En otras situaciones, quizá no todo el mundo vea con buenos ojos esos chistes que haces o consejos que das con toda tu buena fe.

Usa este cuñadómetro como guía para medir el nivel de confianza de una conversación. Cuanto más arriba esté en la escala, ¡sabrás que más arriba puedes venirte tú!

EN LA CENA DE NAVIDAD

EN LA PRIMERA CONVERSACIÓN CON TU YERNO

DE *AFTERWORK* CON TUS COMPAÑEROS DE TRABAJO

EN LA BARRA DE UN BAR

DE CHARLETA CON UN DESCONOCIDO MIENTRAS ESPERÁIS A QUE LAS PARIENTAS SE PRUEBEN ROPA

EN LA COLA PARA PAGAR EN EL SUPERMERCADO

EN LA CONSULTA DEL URÓLOGO

EN UNA CASA RURAL CON LOS AMIGOS DE TU PAREJA

EN LA PRIMERA CONVERSACIÓN CON TU SUEGRO

EN UNA ENTREVISTA DE TRABAJO

NOTAS

¿Qué otras situaciones te colocarían en lo más alto de la escala cuñadil? Venga, bribón, que seguro que alguna vez te has colado y le has soltado un chistecillo tonto a tu suegra cuando no debías.

1. _____

2. _____

3. _____

4. _____

5. _____

6. _____

7. _____

8. _____

9. _____

10. _____

CUÑADISMOS DE CATEGORÍA PARA CADA SITUACIÓN

He aquí tu Biblia, tu diccionario Vox, tu guía para soltar al segundo un cuñadismo por cada situación que se cruce en tu camino. ¡Que no se te escape ninguna!

Si alguien te cierra la puerta del coche un poco fuerte... **¡Hala, que me la vas a hacer giratoria!**

Si pasa un coche caro delante de ti... **Es que me lo están aparcando.**

Si una prenda de ropa no viene con el precio en la etiqueta... **¡Pues sale gratis!** (Aplicable también si el código de barras de un producto no pasa bien en el supermercado).

Si alguien pide una cerveza sin alcohol... **A eso le falta combustible.**

Si alguien te lleva la contraria... **¡No tienes ni idea!**

Si ves a tu primo, nieto, sobrino o cualquier otro menor de veinte años con el móvil... **En mis tiempos sí sabíamos divertirnos, no como ahora.** (También es válido aunque tengas menos de treinta años).

Si alguien te cuenta que se va de viaje... **¿Y te queda sitio en la maleta?**

Si te despides de alguien el 31 de diciembre... **¡Nos vemos el año que viene!**

Y si te encuentras a cualquiera el 1 de enero... **¡Hace un año que no te veo!** O también... **¡Hace un año que no me ducho!**

Si alguien se queja del calor en verano... **El calor no molesta, lo duro es la humedad.**

Si se cae un plato al suelo y se rompe... **Ese lo friego yo.**

Si ves a una persona joven por la calle pasándolo bien o armando jaleo... **A ese lo ponía yo a trabajar en la obra.**

Si se te va a escapar el tren en la cara... **Correr es de cobardes.**

Si alguien te pregunta qué tal las vacaciones... **Cortas.**

Si te encuentras con un amigo en un chiringuito de la playa... **Aquí estamos, sufriendo.**

Si alguien tarda más de medio segundo en descorchar una botella... **¡Trae, que no sabes!** (¡Ojo! Esta es una frase comodín que te servirá en cualquier situación).

Si ves una pata de jamón... **¡Anda, mira qué guitarra!**

Si alguien acaba de hacer una gran compra (coche, casa, etc.)... **¡Me lo tendrías que haber dicho antes!** Que yo tengo un amigo que te lo podría haber dejado por la mitad.

Si vais al campo... **Aquí se respira aire de verdad.**

Si escuchas una canción de moda que no te gusta... **Ya no se hace música como antes.**

Si las terrazas están llenas... **¿Regalan los botellines o qué?**

Si te preguntan cómo estás... **De pie.**

Si te dicen que tengas cuidado... **Quién dijo miedo habiendo hospitales.**

Si algún sobrino o primo cumple los dieciocho años... **Te los cambio.**

Si alguien te dice que deberías perder peso... **Si es que yo no pierdo ni a las chapas.**

Si estás buscando dónde comer en un viaje de carretera... **Ahí, que hay camiones aparcados. Seguro que se come bien.**

Si tu jugador favorito falla un penalti... **Pues ese voy yo y lo meto.**

Si se cae algo al suelo... **De ahí no pasa.**

Si el termómetro marca 0 grados... **Ni frío ni calor.**

Si a alguien le está costando mucho aparcar... **Ahí te meto yo una furgoneta y sin maniobrar.**

Si alguien se deja las luces encendidas... **¿Qué te crees, que somos Iberdrola?**

Si vuelves de un viaje en el extranjero... **Si es que como en casa en ningún sitio.**

Si algún amigo tuyo acaba de ser padre... **¿Y para cuándo la parejita?**

Si te dicen que te tomes un jarabe para la tos... **Yo es que soy más de licor de hierbas.**

Si alguien vuelve de vacaciones... **¿Las vacaciones bien o en familia?**

Si alguien se tira un eructo... **Repítemelo, que no hablo euskera.**

Y si ves a alguien corriendo por la calle... **¿De qué huirá este?** O también... **Correr es de cobardes.**

Si salta una alarma al salir de una tienda... **Que yo no necesito robar.**

Si ves pasar a la policía... **Ya me han pillado.**

Si tienes que entrar a un sitio donde conoces a mucha gente... **Yo ahí no voy, que se me pone el sobaco moreno.**

Si alguien tarda más de cinco minutos en salir del baño... **¿Ha sido niño o niña?**

Si alguien se deja el grifo abierto... **¿Tú qué te crees, que el agua es gratis?**

Si a tu sobrino adolescente le suena el móvil... **Ay, la novia no te suelta, ¿eh?**

Como un cuñado lo es en cualquier ocasión, aquí tienes una chuleta con la que ser original cada vez que quieras ir al trono:

Voy a descomer.

Me voy, que tengo a Hamilton en vuelta rápida.

Voy a plantar un pino.

Tengo al pívot colgando del aro.

Voy a echar la nutria al río.

Voy a enviar un fax.

Tengo la cruz de guía en la calle.

Voy a ponerme la cara roja.

Tengo el perro enseñando el hocico.

Voy a lanzar un misil.

Tengo que devolverle a la naturaleza lo que es suyo.

Voy a echar los troncos al aserradero.

Voy a romper la cerámica.

Voy a liberar a la bestia.

Voy a echar al topo.

Espera, que tengo una descarga en pendientes.

Voy a hacer como Nadal: romper el servicio.

Tengo un pedo de los que pesan.

Tengo el pintalabios asomando.

Voy a dar a luz.

Voy a liberar a Willy.

Me voy, que tengo al cuco a punto de dar la hora.

Me estoy cagando y no de miedo.

Me marcho, que está la cabeza de la tortuga asomando.

Voy a desalojar al inquilino.

Me apetece abonar el campo.

Voy al confesionario.

Me está viniendo la inspiración.

Voy a sacar el mal que llevo dentro.

Me tengo que ir a arrugar la cara.

Voy a bautizar las nalgas.

Me apetece ir a jugar a *Hundir la flota*.

NOTAS

1. _____

2. _____

3. _____

4. _____

5. _____

6. _____

7. _____

8. _____

9. _____

10. _____

CHISTES PERFECTOS PARA CADA OCASIÓN

UNA BODA

Las bodas son las ocasiones especiales por antonomasia. No hay nada que guste más a un *cuñao* que una buena fiesta, y, si viene con barra libre, ¡mucho mejor! Aunque este día tan especial sea para los novios (no te olvides de felicitarlos al menos una vez), tú sabes quién es el verdadero protagonista. No puedes dejar invitado sin saludar, servilleta sin ondear o canción sin bailar. Aquí tienes una pequeña guía horaria que te será muy provechosa para ser un cuñado de categoría:

10.00 Asegúrate de ir bien vestido, llevar algo de efectivo para lo que surja y la corbata bien puesta (acabará anudada en tu cabeza unas horas más tarde).

11.00 Al entrar a la ceremonia, no te olvides de contar el chiste por antonomasia: **«TE CASASTE…, LA CAGASTE».**

12.00 Cuando salgan los novios, ¡tira el arroz! Aunque te hayan dado pétalos de rosa, confeti biodegradable o minibengalas de chispas, lleva siempre un buen puñado de arroz con el que atizar a los novios.

13.00 Al llegar a la recepción, ve directo a la barra. Localízala y recuerda su ubicación. Volverás varias veces a lo largo del día. No te olvides de añadir «A esta invito yo» cada vez que acudas con alguien. Si, total, es barra libre.

13.30 Si el convite es una comida de cóctel, localiza la puerta por la que salen los camareros. Si es un banquete como los de toda la vida, localiza siempre dónde están los baños más cercanos.

14.00 ¡La servilleta por bandera! Álzala, gírala y no pares hasta que los novios se hayan sentado. A lo largo de la comida, ponte de pie cuando nadie se lo espere y grita: **«¡QUE SE BESEN! ¡QUE SE BESEN!»**. Insiste, insiste e insiste.

14.30 No te olvides de criticar la comida..., ¡que para crítico gastronómico ya estás tú!

15.00 Recuerda: boda sin lamparón no es boda, es comunión.

15.30 Pide un brindis por los novios, no se le vaya a olvidar a nadie que estás en su boda.

16.00 Si tarda mucho en llegar el plato principal, saca uno de tus chistes clásicos y comenta que **«ESTÁN MATANDO A LA VACA»**.

16.30 Y, cuando ya no puedas más, añade: **«¡HAY COMIDA AQUÍ PARA UNA BODA!»**.

17.00 Esto es solo para *cuñaos* expertos, pero, si te atreves, coge un trocito de tarta y estámpaselo a la madrina en la cara. ¡Seguro que le hace gracia!

17.30 ¡Pide otro brindis, hombre, que parece que está mustia la cosa!

18.00 Posa siempre para las fotos con los dos pulgares arriba. ¡Es un gesto universal!

18.30 Cuando el novio o la novia pasen por tu lado, ya sabes el comentario que tienes que hacerles: **«¿Y PARA CUÁNDO EL NIÑO?»**.

19.00 Si no has tenido todavía ocasión de dar tu gran discurso, ¿a qué esperas? Agarra un micrófono (arráncaselo de las manos a quien haga falta) y cuenta todas las liadas que hiciste con el novio en vuestros años mozos.

19.30 Antes de acabar tu discurso, ¡pide otro brindis!

20.00 Acércate al DJ y pídele esa canción que no han puesto en todo el evento y que tú sabes mejor que nadie que es la mejor canción del mundo.

UN CUMPLEAÑOS

Los cumpleaños son ideales para presumir de chascarrillos.

Si el cumpleañero acaba de cumplir dieciocho años...
¡QUIÉN LOS PILLARA!

Pero si el cumpleañero acaba de cumplir los cuarenta...
¡AHORA ES TODO CUESTA ABAJO Y SIN FRENOS!

¡Ojo! Debes estar atento siempre a la cifra del cumpleaños,
porque **COMO ACABE EN CINCO...**

Y tus mejores comentarios de «en mis tiempos»:

EN MIS TIEMPOS NO ESTÁBAMOS TODO EL DÍA CON EL TELEFONITO. No confieses las horas que le echas al día al Facebook.

EN MIS TIEMPOS NO ÉRAMOS TAN QUISQUILLOSOS CON LA COMIDA. Eso sí, ¿hace cuánto no te tomas una verdura?

EN MIS TIEMPOS SALÍAMOS A LA CALLE A DIVERTIRNOS. Eso sí, ¿hace cuánto que no sales a dar un paseo?

UN FUNERAL

Los funerales son ocasiones tristes, donde es normal ver a los familiares llorando. Pero ¿qué mejor consuelo que el de un cuñado cargado de chistes para relajar el ambiente?

Una clásica frase de *cuñao* para estas situaciones, y que será tu arma secreta tanto para el funeral de alguien cercano como para la muerte de un famoso, es: **«SE ESTÁ MURIENDO GENTE QUE NO SE HABÍA MUERTO NUNCA»**. ¿Lo mejor? Tendrás más razón que un santo.

Para aligerar el ambiente, comenta en voz alta: **«VENGA, UNA SONRISA, QUE PARECE QUE ESTEMOS DE FUNERAL»**.

Si se la quieres devolver a tu suegra o a tu abuela, esa que siempre te dice en las bodas que «Y tú, ¿cuándo?», no tienes más que acercarte y, con un suave codazo, decir: **«OYE, Y TÚ, ¿CUÁNDO?»**.

Arrímate al que esté más tristón y señala el ataúd: **«¡VAYA SIESTA SE ESTÁ ECHANDO EL TÍO, ¿EH?!»**.

Si el fallecido era de los que le daban al puro, al menos puedes decir: **«YA HA DEJADO POR FIN DE FUMAR»**.

Y, si era alguien pesadete pero quieres ser más sutil, usa el clásico: **«TANTA PAZ LLEVE COMO DESCANSO DEJA».**

Pero, si era de esos *cuñaos* agarrados, no te olvides de recodárselo a todos: **«EL MUY LISTO SE HA IDO SIN PAGARME LAS CAÑAS QUE ME DEBÍA».**

Para consolar a alguien: **«ANÍMATE, HOMBRE, QUE TAN MAL NO SE DEBE DE ESTAR POR ALLÍ SI NADIE VUELVE».**

Y, si la cosa está aburrida, haz uso de: **«ESTO ESTÁ UN POCO MUERTO, ¿NO?».** O también: **«ESTÁIS MUY CALLADOS, ¡NI QUE SE HUBIERA MUERTO ALGUIEN!».**

Y, si eres tú quien está de luto por alguien, pero sientes esa necesidad imperiosa de aligerar la cosa, cuando te digan «lo siento», no te olvides de responder con: **«NO, HOMBRE, DÉJALO TUMBADO».**

Y, por supuesto, cuando quieras despedirte de alguien, usa el clásico: **«A VER SI NOS VEMOS MÁS, QUE SOLO NOS VEMOS EN LOS FUNERALES, MACHO».**

UN DESPIDO

Existen muchas formas de reaccionar a un despido: los hay que lloran, los hay que se desesperan y los hay que salen de la oficina dando saltos de alegría. Tú eliges quién quieres ser en esta vida. Además, ¿no dicen que lo mejor es ser tu propio jefe? ¿Qué estafa piramidal ni qué niño muerto? ¿Quién te va a estafar a ti, que sabes más que cualquier autónomo? (Eso sí, no vayas poniendo el número de tu tarjeta por internet o será tu primo el pequeño el que se reirá de ti en la próxima Navidad). Si quieres regodearte de tu despido o animarle la vida al compañero al que acaban de dar la patada, haz uso de estos chistes contra tu jefe:

¿Sabes? Yo creo que mi jefe era azteca... Sí, sí, porque iba siempre diciendo: **«AZTECA-RGO DE TODO TÚ».**

Pues a mí mi jefe me decía que trabajaba como pez en el agua... Creo que era porque no hacía nada.

Anímate, tío. Si yo sé que todos seríamos más felices trabajando de lo que nos guste, pero es que es muy complicado encontrar un trabajo de croquetas de jamón.

Yo le pedí a mi jefe un aumento y me dio unas gafas graduadas.

Pues yo la última vez que traje a mi hija al trabajo se puso a llorar porque no veía a los payasos con los que le dije que me tocaba trabajar.

No conseguí el trabajo porque en la entrevista me comentaron que al empezar con ellos cobraría mil euros y, al año, me subirían a dos mil. Claro, les dije que si acaso ya me pasaba al año...

Pues yo me pegué una borrachera para olvidar el despido... Y ahora veo el finiquito doble.

Acabo de ver al jefe con los ojos cerrados en su despacho porque el de informática le ha dicho que cierre las pestañas.

Pues yo creo que para este nuevo puesto soy ideal: piden a alguien responsable. En mi anterior curro, siempre que algo salía mal decían que yo era el responsable.

Porque, ya se sabe, solo hay una cosa peor que ser un mal cuñado: **ser un mal jefe.**

UNA REUNIÓN DE EXALUMNOS

Aunque suena a americanada, las reuniones de exalumnos se celebran en España desde hace muchas generaciones. ¿O no has oído hablar de los quintos? Pregunta a tu abuelo por qué él fue el mejor de su quinta y por qué tú deberías serlo de la tuya.

Si te encuentras ante la situación de una reunión de antiguos alumnos, debes trazar una estrategia. Puede ser:

- **BUENA ROPA**.
- **BUEN COCHE**.
- **BUENAS TARDES**.

Si no te sobra la pasta y no eres de ir a la moda, por lo menos impresiona con tu presencia y tu buena educación.

En tu etapa de estudiante es muy probable que no fueras la persona que eres hoy, pero ¿quién eras en aquel entonces? Si, como dicen los jóvenes de ahora, tu *peak* fue en el instituto, eso no es algo bueno, no te hagas el moderno. Tu *peak* debe ser ahora: ¡tu momento cuñado! Saca a relucir los mejores chistes para aplicar a cualquiera que veas pasar.

Mira cómo se ha puesto María, está tan fea que para quitarse el hipo solo se tiene que mirar al espejo.

Anda que Roberto... ¡Qué calvo está! Si se agacha, se le resbalan los piojos.

¿No te has enterado? Ana se ha quitado setenta kilos de encima en un mes... ¡porque se ha divorciado!

¿Has visto al hijo de esos dos? Me han contado que, cuando nació, el doctor pidió que lo tiraran al aire y, si volaba, es que era un murciélago.

Pues mira al que iba de chulo, tiene la calva más brillante que mi futuro.

Oye, con gafas Elena está más fea, ¿no? Ya, si quien se ha puesto gafas soy yo, ¡no ella!

Juan, no bebas más, que te estoy empezando a ver borroso.

Mira que yo creía que María sería un PDF... Sí, sí, un plan de futuro. Menos mal que no me lancé nunca.

Se nota que esa está todo el día en el *gym*... ¡El *gym-tonic*!

¿Has visto que Raúl se ha casado? Parecía que se iba a quedar para vestir santos.

UN RESTAURANTE

Aquí, aquí es donde tienes que dar rienda suelta a tu imaginación. Dale caña a todo tu arsenal y asegúrate de que ese camarero te recuerde el resto de su vida.

Ponme otra cerveza, pero esta sin espuma, que ya me he afeitado esta mañana.

¿Me pones un café y un cuchillo? Que lo quiero cortado.

Señorita, otra cerveza, ¡que esta tiene un agujero!

¿Me pones una tarta al whisky? Pero ¡sin tarta!

Dale una patada al olivo y me pones unas aceitunas, jefe.

El punto de la carne crudo, por favor. Vamos, que todavía diga «muuu».

Recuerda, si tardan más de diez minutos en traeros la comida es imprescindible decir: **«¿QUÉ? ¿ESTÁN MATANDO A LA VACA O QUÉ?».**

Ponme una rubia de las que no mienten.

Quiero un café solo, ¡así que todo el mundo fuera!

Sí, mira, mi suegra quería un milhojas de postre. Pero cuéntalas todas, ¿eh? No vaya a faltar ninguna.

Ponme unas alitas, pero que no se vayan volando.

Ponme un café que haya estado en la cárcel. Sí, hombre, ya sabes: un expreso.

Si la carne les ha quedado cruda: **«A ESTE SOLOMILLO LE FALTA SALIR CORRIENDO».**

Quítame el aire a la cerveza, anda.

La comida no está muy allá... Está aquí cerquita.

Aquí está el pulpo... ¿Y la gallega?

Camarero, otra caña, que no veas cómo traga el niño.

¿Me pones un eclipse? Sí, hombre, ¡un sol y sombra!

Yo ensalada no quiero, que, de lo que come el grillo, poquillo.

Ah, ¿que tenéis cerveza sin alcohol? ¿Y por qué?

En cuanto te pongan una ración para compartir, dale una pinchada y, si te gusta, di en voz bien alta: **«NO LO PROBÉIS, QUE ESTÁ MALO»**.

Ponme un roncola, pero con poca Coca-Cola, que si no luego no duermo.

Niño, tráeme otra, que la garganta se me está secando.

Mira, mi mujer tomará el arroz, y yo... Ven, ven que te lo cuento. ¡Es que es un secreto!

Jefe, ya veo los calamares, pero me falta la romana.

Ponme un JB: un jodido botellín.

Si ves a un camarero cortando jamón, señálalo al grito de: **«¡MIRA CÓMO TOCA EL VIOLÍN!»**.

¿Agua? Qué asco, que de ahí beben los peces.

El vino blanco es para el marisco y el tinto, para las personas.

Cuando te acabes el plato y lo vengan a recoger: «Esto me lo pones para llevar».

Camarero, ponme otra, que esta está pinchada.

Trae algo con alcohol, que voy a desinfectar la cuchara.

Oye, el arroz muy rico, ¿y la cubana?

Ponme una Mahou, que me lo he *ganau*.

Si el camarero te pregunta si has acabado, responde: «Sí, que el plato está un poco duro».

Cuando llegue el camarero, arranca la sesión con: «A ver, apunta, pero no dispares».

Aprende el vocabulario básico del cuñado

LA PAREJA

UNA COPA

EL TENEDOR

UNA CERVEZA SIN ALCOHOL

EL CAMARERO

LA PATA DE JAMÓN

UN RELOJ

UNA CERVEZA

Ahora que ya has afianzado las bases del cuñadismo, es hora de que comiences a explorar todos sus detalles. Como, por ejemplo, su vocabulario. Y es que un buen cuñado tiene una forma muy especial de hablar que no se encuentra en cualquier parte. Es heredada de la calle, la mesa y la barra del bar, y, en estas últimas generaciones, ¡hasta de TikTok! Ponte a prueba y amplía tu vocabulario *cuñao*.

UN PELOTAZO

UNA RUBIA

EL JEFE

LA PARIENTA

LA GUITARRA

UN PELUCO

UNA SIN PLOMO

EL TRIDENTE

LOS SUBGÉNEROS DEL CUÑAO

En la naturaleza, los seres vivos se clasifican en especies y subespecies. Los cuñados, como cualquier otra especie del planeta, también tienen sus clasificaciones y variedades autóctonas. He aquí unas cuantas que han salido a la luz.

EL CUÑADO PADELERO

Le encanta jugar al pádel. Este curioso deporte, que algunos considerarán un tenis de segunda porque no tienen ni idea, es la única razón por la que un cuñado madrugaría un sábado por la mañana (¡porras y café mediante!).

El cuñado padelero se ha comprado, al menos, dos palas de pádel en el último año, a cuál mejor y más cara (aunque él siempre dirá que las ha conseguido con descuento porque conoce a alguien). Maneja la reserva de pistas mejor que cualquier red social, venera la cervecita de después como su segundo dios y siempre se las apaña para no ser el primero del grupo en estrenar pelotas. El cuñado padelero tiene grandes frases como las que tienes a continuación.

¿Para qué te traes a este si no sabe ni jugar al parchís?

Esa bola era mía.

Es que la pista está llena de arena.

Estas bolas no botan nada.

La he perdido porque estos focos deslumbran.

¿Qué nota tienes en Playtomic?

Ha sido culpa de la valla.

Y, como cualquier cuñado, odia perder. Odia perder el juego, el set, el partido... Odia perder las bolas que le ha tocado estrenar o perderse el aperitivo de después. Así que recuerda: si eres un cuñado padelero, esta es tu regla de oro:

Tú no pierdes, es con tu compañero con el que no se puede jugar.

EL CUÑADO MANITAS

Por suerte, o por desgracia, todos tenemos un cuñado manitas. A diferencia del resto de subgéneros, el cuñado manitas tiende a ser más generoso que la media. No le importa echar la tarde de un jueves toqueteando la cisterna del baño, ¡y espera todo el año a que llegue la revisión del coche! Todo sea quedarse un par de horitas junto al mecánico de turno para decirle cómo hay que hacer las cosas.

El cuñado manitas lo mismo te arregla una mesa coja que te monta todo un sistema de sonido envolvente en el salón. ¡Sirve para todo! Sin embargo, a veces mete la pata, aunque jamás lo admita. Si alguna vez has estado en su presencia, habrás oído frases como:

Esto lo arreglo yo en un momento.

Pásame el destornillador de la 13-14.

Pero ¿quién os ha hecho esta chapuza?

No llames al cerrajero, que esto te lo soluciono yo sin clavarte una multa.

Si es que hoy en día ya nadie sabe cambiar una rueda.

Es que los planos de esta casa están mal.

Quita, hombre, que con un agujero en la pared esto se arregla.

Un buen cuñado manitas puede hacerte más chapuzas que apaños, pero siempre te asegurará que, como él, nadie lo hubiera hecho mejor. Tampoco se quedará a recoger y te cobrará el trabajo en cervezas y charleta. Si eres un cuñado manitas, recuerda la regla de oro:

Si no te metieran prisa, las cosas saldrían bien.

EL CUÑADO
ACCESORIOS

Ese cuñado que siempre tiene de todo, incluso lo innecesario que solo habías visto en la teletienda. El cuñado accesorios tiene el último móvil del mercado, aunque no sepa diferenciar entre las tres cámaras (pero fardará de ello como si fuera fotógrafo profesional); para salir a correr lleva reloj, chaleco con isotónicos, bandana, podómetro y, en verano, hasta un ventilador portátil. Es ese cuñado cuyo coche parece una nave espacial de la cantidad de extras que le ha metido (e incorporado él solito, ¡cuidado!).

A un buen cuñado accesorios no le puedes preguntar cuánto le ha costado su último capricho, porque jamás será honesto contigo. Pero, si tienes suerte y le caes bien, cuando cambie de afición o encuentre un modelo mejor, quizá te regale su anterior reloj inteligente, ya sabes, «para que espabiles». Un cuñado accesorios te dirá cosas como:

Este lo compré desde una página web que me pasó mi primo, que sale tres veces más barato.

Desde que uso este, me ha cambiado la vida.

Ah, ¿que todavía tienes un iPhone 12?

Hazme caso y pide al por mayor para estas cosas.

Es que salir a correr sin podómetro es como si no contara.

Sí, ese no está mal. Pero ¿has visto mi último modelo? Es que no tiene nada que ver.

Si eres un cuñado accesorios, procura que nunca te pillen con la guardia baja. Las modas cambian cada poco tiempo, pero tú eres más rápido:

¿Eso? No, hombre. Tú siempre compras de calidad, no como el resto.

EL CUÑADO FUTBOLERO

Cuidado, que entramos en terreno peligroso. Para muchos cuñados, no hay nada más sagrado que el fútbol, sean del equipo que sean. Odian y aman el deporte por igual, critican y alaban a sus jugadores en cuestión de segundos y, si tienen un hijo pequeño, están seguros de que será el próximo Messi.

Viven cada partido como si fuera el último: en casa, le gritan al televisor y, en la grada, el árbitro es su mayor enemigo. No intentes llegar a su altura, porque saben decirte el número de paradas de su portero en los últimos diez años (incluyendo las sesiones de entrenamiento) o el resultado de los cuartos de final de la Copa del Rey de 2004 sin pestañear. Y, si no lo saben, se lo inventan de una manera tan elegante que jamás podrás averiguar si tenían razón. Son propios de ellos comentarios como:

Yo iba para profesional hasta que me lesioné la rodilla.

Entre los tres palos, eso era gol.

Estos jugadores no sienten los colores.

Pero tenemos quince Champions.

Solo nos ha faltado marcar para ganar.

Si es que no saben tirar el fuera de juego.

Ya estamos con el gilicorner.

Este entrenador no hace cambios ni para atrás.

Ese penalti voy yo y lo meto.

Recuerda, un buen cuñado futbolero sabe más que nadie: más que el entrenador, más que el delantero y más que Maradona. Si eres un cuñado futbolero y alguien duda de tus conocimientos, la regla de oro es:

El fútbol ya no es lo que era.

EL CUÑADO PLAYERO

Uno de los hábitats naturales del cuñado en verano es la playa. Probablemente la opción más socorrida y cómoda de los últimos cincuenta años, la playa ha dado cabida a cientos de chiringuitos y toda clase de peleas con la parienta a la orilla del mar.

La playa y su ecosistema cuentan con varios básicos que todo cuñado debe chequear antes de aventurarse a echar el día, tales como: una sombrilla gratuita con publicidad de los años noventa, un chiringuito a veinte metros con cervezas frías, una nevera portátil de color azul y más vieja que toda la familia y unas gafas de sol para cotillear con disimulo. Es completamente inevitable que un cuñado suelte perlitas como:

Ese castillo de arena no va a aguantar nada.

Los helados de ahora son una porquería.

Ya pongo yo la sombrilla, que tú no sabes.

Lo de la protección solar es una chorrada; en cuanto te quemas un poco, ya haces callo.

La clave es salir de casa a las seis de la mañana para clavar la sombrilla.

Como me vuelvan a echar arena, se va a liar gorda.

Por esta paella te clavan cincuenta euros en el chiringuito de ahí al lado.

Y, cuñado playero, recuerda: si alguien te dice que ha estado en una playa mejor que la tuya, dile que no tiene ni idea:

Las mejores playas no se encuentran así como así.

EL CUÑADO OLÍMPICO

Esta clase de cuñado aparece una vez cada cuatro años, existe a lo largo de tres extensas semanas de sofá y tele y lleva el orgullo nacional a otro nivel. El cuñado olímpico sabe de tiro olímpico como si disparara cuatro veces por semana, salta ante las penalizaciones de taekwondo como todo un juez y celebra cada gol de waterpolo aunque no sepa ni a qué equipo está animando con esos gorritos tan pequeños.

Los Juegos Olímpicos son la gran celebración del deporte a nivel mundial. Pero el cuñado, que está por encima de lo mundial o humano, se pasará esas tres semanas analizando cada partido o competición, organizará su día según la programación olímpica y el sofá adoptará el tamaño de sus posaderas a niveles milimétricos. Porque todo buen cuñado olímpico que se precie dice cosas como:

> Hombre, el tenis de mesa, el gran olvidado.

> Ese carpado no le ha salido muy fino.

Pero ¿Antigua y Barbuda todavía es un país?

En esta modalidad somos medalla segura.

Sudáfrica contra Australia en hockey hierba. ¡Partidazo!

Si es que los de Estados Unidos no llevan a nadie bueno en el baloncesto.

Pero ¿cómo va a ser el *breikindans* un deporte?

Querido cuñado, si eres de esos que no sueltan el mando mientras duren los Juegos, aprovecha tu momento, que solo llega con cada año bisiesto. Y, cuando España no gane en el medallero olímpico, ya sabes qué decir:

Es que, si no le echamos billetes al deporte, no vamos a ninguna parte.

EL CUÑADO AL VOLANTE

Ya sabes lo que dicen: cuñado al volante, peligro constante. Era así, ¿verdad? En efecto, cualquier persona de este planeta puede llegar a convertirse en un cuñado cuando está dentro de un coche. Ya sea porque no soporta ir en el sitio del copiloto sin poder adelantar a diestro o siniestro, porque un atasco saca lo peor de cada uno o porque nadie se sabe mejor todos los radares.

La carretera puede ser peligrosa y, si es un cuñado quien conduce, ¡mucho más! El cuñado al volante apura hasta la última gota de gasolina antes de repostar, lleva las pegatinas de la ITV puestas desde hace diez años y adora las pausas para comer en viajes largos. Es de parada obligatoria pedirse un buen menú del día, comprar una caja de Miguelitos de La Roda y bromear mientras se observan los muestrarios de navajas de Albacete. Además, a un buen cuñado al volante no pueden faltarle perlas como:

Si es que ahora le dan el carnet a cualquiera.

Lo de los coches automáticos es una pijada, hay que conducir un manual como Dios manda.

Me he pasado un par de kilómetros por hora del límite y ya me han multado. ¡Vaya ratas!*

¿Cinco horas? Yo llego a Valencia en tres y media y sin parar a repostar.

¿Y para qué quieres tanta potencia si el máximo es 120? Estás tirando el dinero.

¿Te lo aparco yo? Que no te va a caber.

Si es que no sabes mantener un coche. El mío tiene veinte años y está como nuevo.

Cuidado, porque si alguna de estas te suena, quizá sea tu cuñado interior, que quiere salir tocando el claxon en medio de un atasco. Y, ya sabes, si alguna vez te pierdes con el coche, eso es porque:

Estos GPS son una mierda. Yo antes me sabía el camino de memoria.

*(La realidad es que iba a 120 por un tramo de 70).

EL CUÑADO CONSPIRANOICO

Aunque puede que este subgénero de cuñado sea algo más desconocido para algunos, no hay duda de que existe. ¿Quién no ha tenido ese amigo obsesionado con las teorías de la conspiración? ¿Ese cuñado que dice que el calentamiento global es una mentira? Por no hablar de los terraplanistas...

El cuñado conspiranoico, como cualquier cuñado, tiene explicaciones para todo. Siempre lleva la razón y no conseguirás atravesar su barrera de conocimiento con estudios científicos o «tu propia experiencia». Eso no cuenta, y lo sabes. Lo que sí cuenta son los foros de internet: ahí es donde está la verdad. Al encontrarte con un conspiranoico, es habitual que escuches frases como:

No te creas todo lo que hay en internet, que hay mucho mentiroso.

Eso es porque nos quieren sacar más dinero.

Pues no sé de qué te quejas,
si en verano siempre
ha hecho calor.

¿Y por qué se va
a llamar «planeta»
si no es plano?

Es que los verdaderos
periodistas están
silenciados.

Eso siempre ha sido así,
lo que pasa es que ahora
lo echan por la tele
y nos asustamos.

Pues yo en Facebook
he leído que...

Si te identificas con estas verdades, recuerda, cuñado: no seas tremendista.

Vida solo hay una, y es mejor no pasarla discutiendo con gente que no sabe...

NOTAS

Y, antes de dar paso al último subgénero de cuñado, anímate a crear tus propios tipos de cuñado. Por suerte o por desgracia, ¡cada cuñado es único! ¿Qué tal el cuñado de campo? ¿Y el cuñado académico? Seguro que conoces a alguien así... O quizá seas tú.

_____

_____

_____

_____

_____

_____

_____

_____

_____

EL CUÑADO AGARRADO

En toda familia, en todo grupo de amigos y en toda oficina existe un cuñado agarrado. Ese cuñado rata, que se busca la cartera en el bolsillo infinito y que nunca da con ella, que siempre tiene una excusa en la punta de la lengua o un chiste con el que aliviar la tensión cuando llega la cuenta en el bar. Querido y odiado por todos al mismo tiempo, el cuñado agarrado tiene el don de librarse de cualquier situación vergonzosa.

Son clásicas sus tácticas de evasión que, sin embargo, ha actualizado con el tiempo y la llegada de Bizum, pero entre sus grandes frases destacan algunas como:

Mira a ver si nos lo han puesto todo bien.

Ya te hago luego un bízum.

Pero repartimos entre todos, ¿no? Si a mí me da igual.

Paga tú, que a la última invité yo.*

Ya nos han vuelto a cobrar el pan, ¡sin avisar ni nada!

Espera, que en este sitio conozco al jefe y nos va a hacer un descuento.

Poco valoramos al cuñado agarrado, que siempre consigue librarse de algo. Aunque, si tú eres uno de ellos, seguro que eres un auténtico as a la hora de escabullirte y te sabes al dedillo las mejores formas de evitar pagar.

*(La última fue hace tres años).

LAS 10 MEJORES FORMAS DE EVITAR PAGAR

1 **Olvídate la cartera a propósito.** No te pueden obligar a pagar si no tienes cómo hacerlo, ¿verdad? Y tampoco tengas esas chorraditas modernas de pagar con el móvil, ¡que nunca se sabe cuándo te lo pueden robar o hackear! Lo mejor es que seas precavido y pidas que pague otro. Ya se lo devolverás, hombre, ¡ni que te fueras a escaquear!

2 **Deja un pelo en la comida y reclama que te devuelvan el dinero.** Ojo, que a los calvos este truco no les viene bien: ¡se les ve el plumero! Pero hay muchas maneras de llevarlo a cabo: un pelo, un camarero que tropieza casualmente por tu lado y te tira algo en el plato, un poco de sal de más en la sopa... Arruina tu comida y así no lo pasaréis bien ni tú ni el chef. ¡Cena con espectáculo!

3 **Si es una primera cita, deja que pague ella.** ¡Estamos en pleno siglo XXI! ¡Hazte el moderno! Tan solo asegúrate de sugerirlo de manera muy disimulada, o de lo contrario no habrá segunda cita. Aunque, al menos, te habrás llevado una cena gratis.

4 **¿No te ha llegado mi bízum?** Vaya, qué raro. Si es que de los bancos no tiene uno que fiarse. Antes todo esto era más fácil, cuando pagabas con un billetito y tan ricamente; pero ahora todas estas apps de pago online pueden dar lugar a tantos errores... Si es que tú querías pagar, pero no te dejan hacerlo.

5 **Presume de dinero.** La esencia del cuñado consiste en hablar más que en hacer, así que este es el momento de que la pongas en práctica. Usa la mítica frase de «Tengo el dinero por castigo» en alguna de tus conversaciones, como si no viniera al caso. Al final, la gente te considerará importante y, con tal de caerte bien, ¡incluso podrían invitarte!

6 **Es que no tengo suelto.** Si te pillan con la cartera en el bolsillo, ya es tarde para usar la primera excusa del manual. Peeero si dejas caer que no te fías de hacer las cositas online o no has activado la tarjeta de crédito y, claro, tendrías que ir a la sucursal del banco a activarla... Aquí la clave es dar muchas excusas juntas y muy detalladas. Además, que estamos en pleno siglo XXI: ¿quién lleva efectivo?

7 **A la próxima invito yo.** Un recurso clásico para usar con amigos... y no tan amigos, aunque nunca vaya a haber una próxima o para entonces ya se les haya olvidado que estas palabras salieron de tu boca. Si hay confianza y la cena no ha sido en un tres estrellas Michelin, tu compañía aceptará la excusa con caballerosidad. Pero cuidado con abusar de este recurso, o podrías verte en un aprieto cuando menos te lo esperes.

8 Saca todo tu repertorio de descuentos.

Que sí, que puede que este sea más un truco de abuela, pero ¿te vas a atrever a llevarle la contraria a la matriarca de la casa? Si no hay forma de evitar pagar, al menos descuéntate todo lo posible. Di que sois muchos comensales, que os hagan el favor, que conoces al dueño, que vais tantas veces que les estáis pagando el mes entero, que qué les cuesta... A la vida hay que echarle cara, ¡claro que sí!

9 Si es que yo solo me he tomado una ensaladita.

Si tu grupo de amigos ya te tiene calado y no vas a poder librarte de la puñalada, al menos regatea como un profesional. Seguro que algún listo propone pagarlo todo a medias, pero ¡tú por ahí no pasas! Te has tomado media cerveza menos, o sea que eso lo descuentas; y también han sobrado cinco patatas de la ración, así que eso hay que repartirlo; ¡y ni siquiera has tomado pan! Sí, hombre, te van a hacer a ti la 13-14...

10 ¡Hazte un *simpa*!

Es la opción más arriesgada, pero ¿qué es la vida sin un poquito de emoción?

NOTAS

Y, si todavía se te ocurren mejores excusas para no rascar el bolsillo, vuelca toda tu sabiduría en estas páginas... o úsalas para hacer la cuenta de la vieja y dividir el importe de la última cena entre todos, ¡no vaya a ser que te deban algo y tú no te enteres!

Une cada tema de conversación a cada bronca

¡Échale jamón a esa, que lo está deseando!

¿Y tú qué, chaval? ¿Ya tienes novia? ¡O novio! Que uno ya no sabe qué decir.

Ni machismo ni feminismo, igualdad.

Sí, claro, el equipo del pueblo, pero ficháis a jugadores por cien millones...

¿Y la parejita para cuándo?

Pues yo a tu edad ya estaba fuera de casa, ¿eh?

El rey era muy campechano, yo no entiendo por qué no te gusta.

Lo que pasa es que sobran funcionarios.

No hay cena de Nochebuena que se precie sin su discusión familiar. Y, aunque todos sabemos qué tres temas no deberían nunca mencionarse (pero que en el fondo sabes que son los que más ganas tienes de sacar), lo mejor es que calientes motores. Une cada frase de cuñado a su correspondiente objetivo. ¿Podrás acertarlas todas?

Tu primo de once años.

Tu amigo del Atleti.

El que acaba de terminar la carrera.

Tu amigo republicano.

Tu tía funcionaria.

Tu sobrina vegana.

Cualquier mujer de la mesa.

Padres primerizos.

Llegados a este punto del libro, ya puedes imaginarte hacia qué lado del árbol caes cuando sacas tus chascarrillos a relucir, pero este test acabará de definir el estilo de cuñado que eres.

¿QUÉ ESTILO DE *CUÑAO* ERES?

1.
SI SE ROMPE UN OBJETO DE CRISTAL AL CAER AL SUELO, TU RESPUESTA SUELE SER:

A. «De ahí no pasa».
B. «Se ha caído uno con gafas».
C. «Ese ya no hay que fregarlo».

2.
SI ALGUIEN A TU ALREDEDOR MENCIONA QUE ES VEGANO, TÚ RESPONDES:

A. «Pero ¡si el pescado no es carne!».
B. «Pues a mí me gusta más el *inviegno*».
C. «A más solomillo tocamos».

3.

SI QUIERES PEDIR OTRA CERVEZA:

A. «Ponme otra, que esta tiene un agujero».

B. «Jo, cómo bebe el niño».

C. «Otra rubia de las que no mienten».

4.

¿QUÉ MOTE USAS PARA TU PAREJA?

A. La «parienta».

B. La «jefa».

C. La «contraria».

5.

¿QUÉ DICES CUANDO SE CAE UN NIÑO?

A. «No llores, si ha sido solo el susto».

B. «Pero ¡si a esa edad son de goma!».

C. «Pues si este se os rompe, tendréis que ir haciendo otro».

6.

SI ALGUIEN MENCIONA EL FEMINISMO, TU FRASE ESTRELLA ES:

A. «Ni machismo ni feminismo».

B. «¿Y el Día del Hombre para cuándo?».

C. «Pero si ya tenemos igualdad».

7.

SI ALGUIEN TE EMPIEZA A HABLAR DE LA REPARACIÓN DE SU COCHE, TÚ INTERRUMPES CON:

A. «Yo tengo un amigo que me lo arregla por la mitad».

B. «Si es que no os duran nada los coches».

C. «Eso va a ser el cigüeñal. Hazme caso, que de eso entiendo».

8.

EN UNA CENA DE NAVIDAD DE EMPRESA:

A. Te bebes hasta el agua de los floreros.

B. Negocias un ascenso a medianoche.

C. Sacas los prohibidos y perreas a tu jefe.

9.

¿QUIÉN ES UN GRANDE?

A. Chiquito de la Calzada.

B. El Fari.

C. Joaquín.

10.

TU RED SOCIAL DE CONFIANZA ES:

A. WhatsApp.

B. Facebook.

C. Instagram.

RESULTADOS

MAYORÍA DE A: CUÑADO BÁSICO

Eres ese cuñado que se manifiesta en las ocasiones especiales: Navidades, cumpleaños, cenas de empresa... Eres como una buena corbata: apareces cuando se te necesita. Sabes escoger tus momentos de gloria en las situaciones adecuadas y sacas toda la artillería pesada con aquellos con los que te sientes cómodo. Quizá tu conocimiento cuñadil no supera el B2, pero ¡no te rindas! Tienes mucho que aprender.

MAYORÍA DE B: CUÑADO CLÁSICO

Algunos dirán que estás chapado a la antigua, pero en realidad eres como un buen vino: mejoras con los años. Aún recuerdas el anuncio de las burbujas y la grandiosa Nochevieja de Sabrina. Tus referencias son todo un clásico, pero hay gente en la mesa de los adultos que ya no las pilla; y no tienes filtro alguno, ni tiempo para perderlo con moderneces. Aun así, no te cierres a la novedad, ¡no sabes lo que te estás perdiendo en TikTok!

MAYORÍA DE C: CUÑADO DE MODA

Acabas de unirte al movimiento cuñadil y tus grandes referentes están en las redes (y en las barras de los bares). Quizá no seas todavía un cuñado en toda regla, o a lo mejor ya tienes sobrinos y todo; lo importante es que no dejas pasar la oportunidad de soltar los chascarrillos que has aprendido. Honra a tus mayores y vuelve a las raíces del cuñadismo español: el Risitas.

Crea aquí la lista de tus amigos, conocidos y enemigos para clasificarlos después de que ellos también hagan el test.

CONTRA LOS CUÑADOS

¿QUÉ CONTESTAR A UN CUÑADO?

Si de alguna manera has acabado con este libro en las manos y no te consideras un cuñado, también encontrarás una sección para ti. Porque, si no eres un cuñado, o todavía crees que no llegas al nivel para merecerte tal honor, seguro que tienes cuñados a tu alrededor, ya sean el novio de tu hermano o tu compañero de trabajo, tu suegro o tu primo pequeño. Todos llevamos un cuñado dentro. Y todos tenemos que soportar a nuestros cuñados.

Pueden resultar algo cargantes, repetitivos o simplemente molestos en exceso. Y hay días en los que no estás para soportar sus chascarrillos. Si lo necesitas, haz uso de esta página con las mejores excusas para contestar o evitar a tu cuñado.

1.

CUANDO TE PREGUNTE POR TU TRABAJO:

1. **«No tengo, estoy en el paro».** Esto, durante solo unos segundos, detendrá su verborrea; aunque después regresará para decirte que un amigo suyo te conseguiría trabajo en un momento.

2. **«He firmado una cláusula de confidencialidad que no me permite hablar de ello».** Te da un toque misterioso.

98

2.

CUANDO TE PREGUNTE POR TU PAREJA:

1. **«No tengo».** Fácil, rápido y contundente, aunque te arriesgas a que te empiece a preguntar por qué.

2. **«Es que tiene alergia a todo lo rancio».**

3.

CUANDO TE OFREZCA UNA BEBIDA:

1. **«No, gracias, no bebo».** Ojo, que esta respuesta puede dar lugar a todavía más turra sobre la abstemia.

2. **«Prefiero beber solo agua, que, como me tome una copa, me pongo muy borde».**

4.

CUANDO TE PREGUNTE LA OPINIÓN SOBRE UN TEMA EN EL QUE ESTÁ COMPLETAMENTE EQUIVOCADO:

1. **«No tengo la información suficiente para poder dar una opinión».** Ya podrían algunos aplicarse el mismo cuento.

2. **«Pues, mira, como diga lo que diga me vas a llevar la contraria, prefiero no explicarte lo que pienso».**

5.

CUANDO TE HABLE DE FÚTBOL:

1. «¿Fútbol? Pero ahí se puede tocar el balón con la mano, ¿no?».

2. «Yo es que soy del [inserta aquí el nombre de su equipo rival]».

6.

CUANDO TE HABLE DE SU COCHE:

1. «Yo es que no conduzco, intento no contaminar más el planeta». Con este puedes avivar una bronca sobre el medioambiente.

2. «Yo es que uso uno automático». Pero con este te ganas su silencio.

7.

CUANDO TE PREGUNTE POR LAS NOTAS O LOS ESTUDIOS:

1. «Pues ahí voy. Porque tú..., ¿tú qué notas sacabas a mi edad? Sobresaliente, ¿no?».

2. «No, lo he suspendido todo. Yo es que quiero dejar de estudiar y quedarme todo el día con el móvil en el sofá».

8.

CUANDO HAGA UN COMENTARIO SOBRE TU FÍSICO:

1. «Perdona, es que no recuerdo cuándo te he pedido tu opinión».

2. «¿Has acabado tu análisis? Vale, genial, me toca. A ver, por dónde empiezo...». Puedes proceder a devolverle el golpe o quedarte en silencio hasta que se percate de lo innecesario que ha sido el comentario.

9.

CUANDO EMPIECE A HABLAR DE POLÍTICA:

1. «Ostras, qué interesante. ¿Y tú cómo arreglarías el país de un día para otro?». Con esta excusa no te dejará en paz, pero empezará a hablar solo y tú podrás desconectar el cerebro e imaginarte en una isla paradisiaca.

2. «Si es lo que yo digo, ¡mucho mejor la anarquía!».

10.

CUANDO EMPIECE A HABLAR SIN DEJARTE METER BAZA:

1. «Ajá, ajá». Si quieres ser cortés.
2. Silencio absoluto. Que vea que esto no es un monólogo.
3. Márchate de la conversación.

NOTAS

Soportar a un cuñado es complicado, ¡mucho!
Quizá ni siquiera estas soluciones puedan detener
su verborrea, o quizá sí.

1. _____

2. _____

3. _____

4. _____

5. _____

6. _____

7. _____

8. _____

9. _____

10. _____

11. _____

12. _____

13. _____

14. _____

15. _____

16. _____

17. _____

18. _____

19. _____

20. _____

21. _____

22. _____

23. _____

24. _____

25. _____

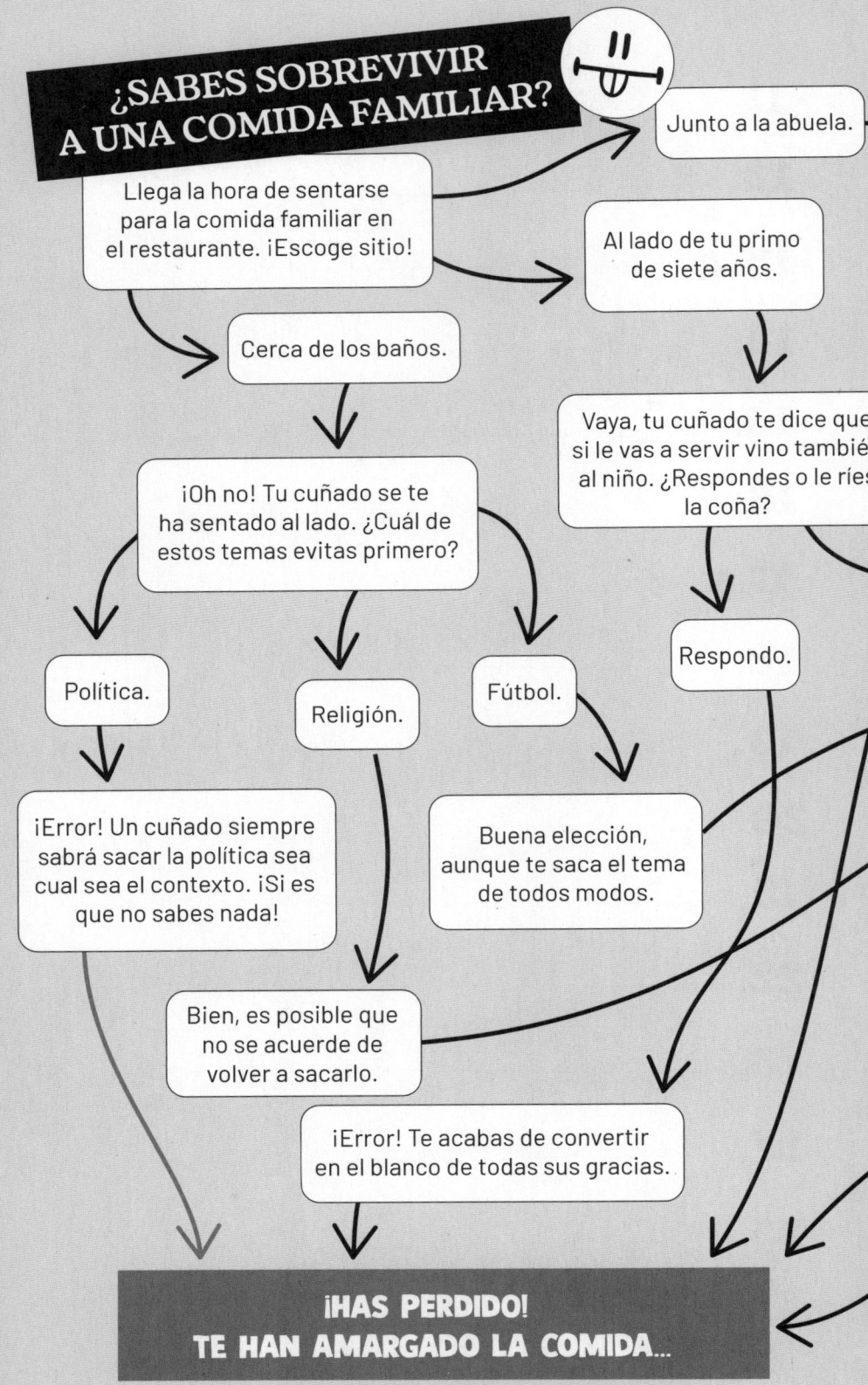

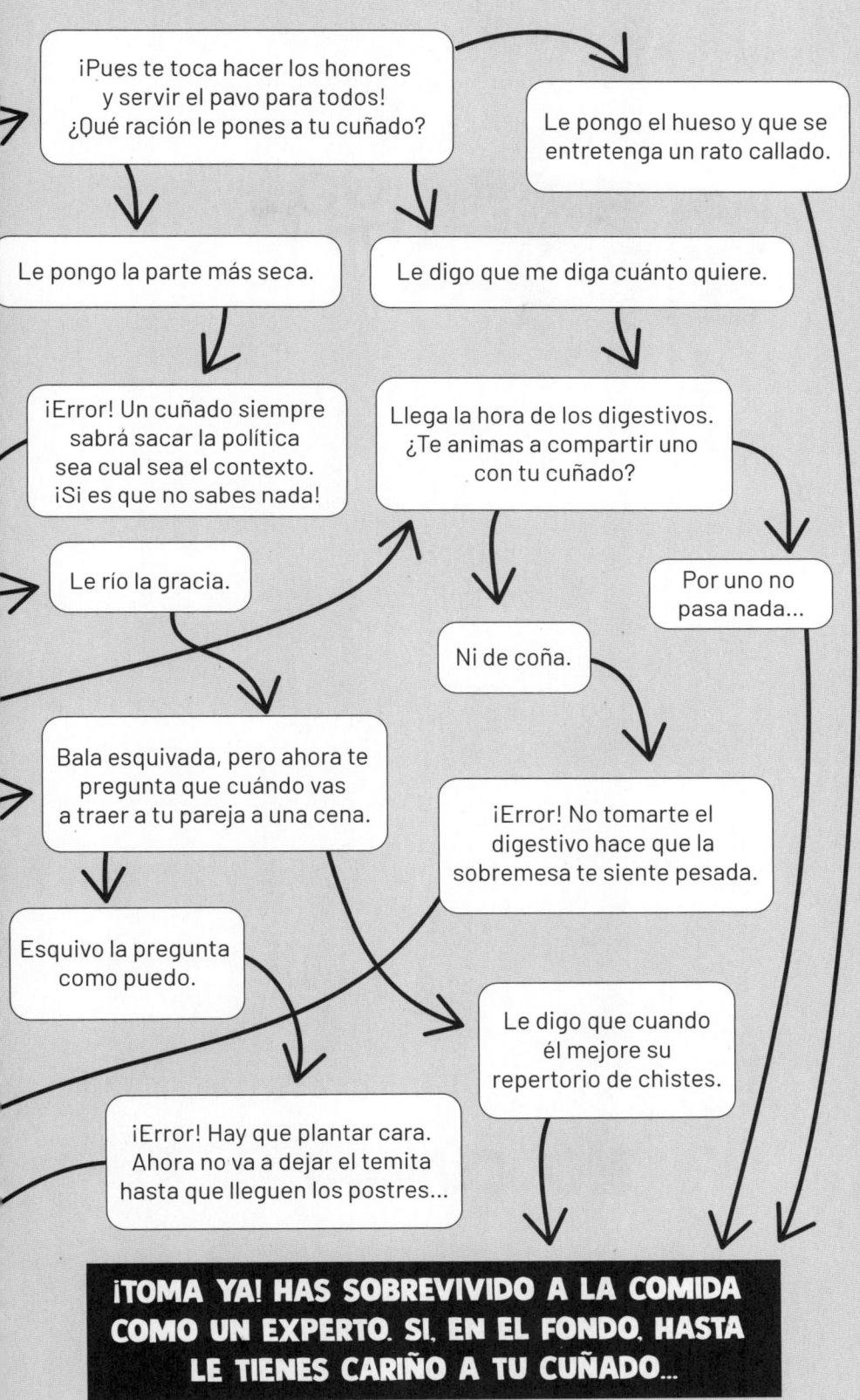

Su coche no está aparcado en la puerta.

No añade nada si te pides una 0,0%.

Pide ayuda cuando no sabe montar algo.

Baila bien.

Aguanta en una sala de espera más de diez minutos sin rechistar.

Sabe cuánto turrón comprar en Navidad.

Dice que se va de farra.

Ve películas de culto.

Hace *crossfit*.

Te interrumpe al hablar.

NO *CUÑAO*

Aunque todos sabemos distinguir a un cuñado cuando pide la cuenta, no siempre sabrás ver a un grande la primera vez que coincidas con él. Por suerte, cuentas con este detector de cuñados para colocar a ese nuevo amigo que acabas de hacer con unas cuantas cervezas dentro del gran espectro del cuñadismo.

«Lo barato sale caro» es su lema.

Juega al pádel.

Chupa las cabezas de las gambas.

Es de claxon fácil en los atascos.

Reenvía cadenas de WhatsApp o *gifs*.

Dice que hace la mejor paella de Valencia.

Se ofrece a aparcarte el coche después de tres maniobras.

Tiene un bar favorito y los camareros saben cómo se llama.

Su coche no está aparcado en la puerta.

Se viene arriba cuando toca pedir la cuenta.

Habla de su pareja como «la parienta».

CUÑAO

Ahora usa esta plantilla para situar a tus amigos, familiares y conocidos en el espectro. ¿Quién quedará en mejor posición? (Se admite discutir con el público).

NO *CUÑAO*

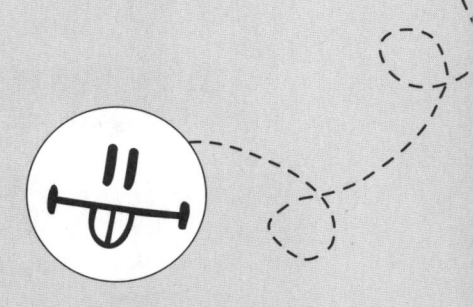

CUÑAO

¡ADAPTA TU CHISTE!

Todos sabemos que la maestría de un buen cuñado reside en hacer el chiste perfecto en el momento perfecto. Es un don que debe trabajarse, una virtud que cultivar. Si no has conseguido librarte de tu cuñado, ¡únete a él! Cabe la posibilidad de que le dejes tan impresionado por saber contestar a estas situaciones específicas que termine por aceptarte ¡y te deje en paz!

1.
CUANDO LA NUEVA NOVIA DE TU PRIMO SE TE PRESENTE:

«Soy celiaca».

«Encantado, yo Antoniaco».

2.
CUANDO TE DIGAN QUE NO PARAS DE COMER:

«No sé a qué te refieres croquetamente».

3.
CUANDO TE DIGAN QUE NO PUEDES BEBER:

«El médico ha dicho que nada de copas, ya lo sabes».

«Por eso estoy bebiendo directamente de la botella».

4.

CUANDO TU HERMANA TE PRESENTE A SU NOVIO:

«Soy ateo».

«Yo anuel, ucho gusto».

5.

CUANDO TU TÍA TE DIGA QUE VIENE DE LA PELUQUERÍA:

«Ah, ya. Y estaba cerrada, ¿no?».

6.

CUANDO TE PREGUNTEN POR EL MEJOR VINO:

«El mejor no sé, pero sé cuál es el peor: cuando vino mi suegra».

7.

CUANDO VAYAS A POR UNA CERVEZA, Y ESTÉ EN ESOS CUBOS LLENOS DE AGUA Y HIELO, CÓGELA MUY RÁPIDAMENTE:

«¡Se estaba ahogando! ¡Tenía que sacarla de ahí!».

NOTAS

Como dicen los jóvenes hoy en día: ¡papel y boli! Escucha a tu cuñado y anota cada sandez y tontería que sale por su boca. Puedes usarlo para tu beneficio más tarde o, si lo prefieres, simplemente ten esta página a mano para soltar tu frustración.

1. _____

2. _____

3. _____

4. _____

5. _____

6. _____

7. _____

8. _____

9. _____

10. _____

CHISTES
DE
CUÑADOS

Si hay algo que caracteriza a un buen cuñado es contar chistes malos. Pero malos malos. De esos que son tan malos que al final hacen gracia. No hay nada mejor que uno de estos buenos chistes malos para romper el hielo, avivar una conversación o ganarte a la familia en la cena de cumpleaños del abuelo. ¡Aquí tienes una buena selección!

Van dos y se cae el del medio.

¿Sabes qué es un bumerán que no vuelve? ¡Un palo!

—Hola. ¿Es aquí el curso para aprender a orientarse?
—¡¡¡QUE NOOO!!!

¿Sabes qué app es solo para gente llamada Paco? Only Frans.

¿Que mañana tienes examen de la próstata? Pues estúdiate el índice, que es lo que suele entrar.

¿Sabes qué es un pez en el cine? Un mero espectador.

—¿Nivel de inglés?
—Alto.
—Traduzca «mirar».
—*Look*.
—Bien, úselo en una frase.
—*Look*, yo soy tu padre.

114

¿Sabes qué planeta va después de Marte? Miércole.

Voy a fundar la organización para los que estamos hartos de todo: se va a llamar UNASCO.

—¿Y de qué trabaja tu cuñado?
—Es quiosquero.
—Ya, nosotros también te queremos, pero ¿de qué trabaja?

¿Qué hace un mudo bailando? Una mudanza.

Robinson Crusoe... y se cayó.

—¿Qué le dice la cuchara a la gelatina?
—No tiembles, cobarde.

—Papá, la profe me ha suspendido Lengua por no saber un sinónimo de «contiguo».
—Pues «aledaño».
—¡Eso, eso! Mañana voy y la reviento.

¿Sabes a dónde van las pulgas cuando mueren?
Al pulgatorio.

¿Sabes cuál es el libro que más problemas da? El de Matemáticas.

¿Sabes cuál es el mejor portero del mundo? Para-guay.

—¿De dónde vienes así vestido? Que parece que vengas de la guerra tan sucio.

—De enterrar a mi suegra.

—Ay, lo siento. Pero ¿has ido así vestido?

—Sí, es que no se dejaba.

—Ayer me picó una serpiente.

—¿Cobra?

—No, gratis.

—He de advertirte que tiene usted una enfermedad muy rara.

—¿Cómo de rara, doctor?

—Fíjese que le dejo ponerle el nombre y todo.

¿Sabes de qué sufre Papá Noel cuando pierde un reno? De insuficiencia renal.

¿Qué le dice una morsa a otra? ¿Almorsamos?

—Papá, papá, hoy el entrenador me ha dicho que soy garantía de gol.

—¡Qué bien! Siempre quise tener un hijo delantero.

—No, papá, yo soy el portero.

—Pues mi mujer dice que soy una persona muy inactiva, no sé por qué...

—¡Ah, qué susto! Suspended la autopsia.

¿Sabes qué pide un vampiro en un bar? Un vaso sanguíneo.

El otro día estaba un poco triste y mi cuñado me regaló una tostadora. No lo entendía muy bien y me dijo «es para que túestesbien».

—Entre pitos y flautas me he gastado diez mil euros.
—¿Qué dices? ¿Y eso?
—Pues ya ves, cuatro mil en pitos y seis mil en flautas.

¿Por qué existen las suegras? Porque el diablo no puede estar en todos los sitios a la vez.

¿Qué le dice una impresora a otra?
¿Esa hoja es tuya o es impresión mía?

¿Cuál es el colmo de un pirata? Que le regalen un CD original.

—Amor, parece que no me escuchas.
—Y yo a ti, mi amor.

—Mi primo se llama Armando.
—¡Anda, como los jefes de policía de las películas!
—¿Qué?
—Sí, siempre preguntan: «¿Quién es el oficial Armando?».

—¿Sabías que mi hermano monta en bici desde los tres años?
—Pues ya debe de estar lejos.

Si un bailador de bachata va andando con el móvil en la mano... ¿Bachateando?

—¿Y cómo es tu suegra?
—Encantadora.
—¿En serio?
—Sí, de serpientes.

—Profe, ¿me castigarías por algo que no he hecho?
—Pues claro que no.
—Genial, porque no he hecho los deberes.

¿Cuál es el colmo de un policía? Que lo asalte una duda.

¿Qué hace una vaca con los ojos cerrados? Leche concentrada.

¿Cómo hace el amor un economista? Con interés.

—Mamá, en la escuela me llaman distraído.
—Pero si yo soy tu tía.

No cabe duda, y duda se fue caminando.

¿Cuál es la diferencia entre un abogado y un vampiro? Que el vampiro solo te chupa la sangre de noche.

¿Qué le dice un gusano a otro? Me voy a dar una vuelta a la manzana.

¿Cuál es el mes en que los hombres hacen menos tonterías? Febrero, porque tiene menos días.

—Me acabo de tirar un pedo de esos silenciosos, ¿qué hago?
—Pues ahora nada, pero cuando llegues a casa cámbiale las pilas al audífono.

—Amor, creo que estás obsesionado con el fútbol. Siento que me haces falta.
—¡Eso no es verdad, ni te he tocado! Vamos a ver el VAR.

¿Sabes cuál es el país donde más mujeres montan en bicicleta? ¡Mozaenbike!

—¿Y tú a qué te dedicas?
—A respirar. No gano mucho, pero me da para vivir.

—Doctor, tengo todo el cuerpo lleno de pelo. ¿Qué padezco?
—Puez, con tantoz peloz, padece uzted un ozito.

¿Por qué las donaciones de semen cuestan más dinero que las donaciones de sangre? Porque están hechas a mano.

¿Cómo se queda un mago después de un cocido? Magordito.

—Hola, soy paraguayo y vengo aquí para pedirle la mano de su hija.
—¿Para qué?
—Paraguayo.

¿Cómo se llama a los hombres cuando pierden la inteligencia? Viudos o divorciados.

—¡Toc, toc!

—¿Quién es?

—El amor de tu vida.

—Mentira, la cerveza no habla.

—Pues yo me acosté con mi mujer antes de casarnos. ¿Y tú?

—No sé, ¿cómo dices que se llama?

¿Sabes cómo se llaman los habitantes de Belén? Figuritas.

—¡Alto, control de alcoholemia! ¿Permiso de conducir, por favor?

—Permiso concedido.

—Soy una persona muy saludable.

—¿Comes sano y haces deporte?

—Qué va, pero me saluda todo el mundo.

—Mi suegra es un ángel.

—Qué suerte, la mía todavía no la ha palmado.

¿Por qué los diabéticos no pueden vengarse? Porque la venganza es dulce.

—Me encantan los mensajes de voz.

—Yo los detesto.

—Sí, esos también me gustan.

¿Sabes cuál es la profesión más risueña? La de barrendero, porque siempre va riendo.

¿Te sabes el chiste del orinal? ¡Pues es para mearse!

Se ha ido el albañil y nos ha dejado un hueco que llenar.

—Toc, toc.
—¿Quién es?
—Talanda.
—¿Qué Talanda?
—Bien, ¿y usted?

Van dos fantasmas y se cae el del médium.

¿Cuál es la fruta favorita de Beethoven? La ba-na-na-naaa.

¿Sabes cuál es la única guerra en la que se duerme con el enemigo? El matrimonio.

¿Qué hace un perro con un taladro? Taladrando.

¿Qué es un pelo en una cama? El vello durmiente.

¿Por qué los patos no tienen amigos? Porque son muy antipáticos.

—Doctor, ¿qué tal ha ido la operación?
—¿De qué me está hablando? Yo soy san Pedro.

¿Por qué las focas del circo miran siempre hacia arriba? Porque es donde están los focos.

¿Qué le pasa a un arquitecto cuando muere? Pues que pasa a otro plano.

¿Sabes cómo se ha quedado Juan desde que se murió su mujer Amparo? Desamparado.

—Paco, la lavadora se ha calcificado.
—¡¿Para la final?!

¿Qué le dice el ganso a la gansa? ¡Vengansa!

Una vez se me ocurrió hacer un trío, pero, para defraudar a dos personas a la vez, me voy a cenar con mis padres.

Ayer me caí y pensé que me había roto el peroné... Peronó.

El otro día vendí mi aspiradora. Total, lo único que hacía era acumular polvo.

—¿Qué pasa, Juan? Te veo preocupado.
—Sí, es que hace ocho días mandé a mi hijo a por tabaco y no ha vuelto.
—¡Tienes que estar preocupadísimo por él!
—No, es que ocho son muchos días sin fumar...

—Doctor, creo que tengo paperas.
—Pues toma dos euros más y ya tienes pa plátanos.

¿Cómo se llaman los que trabajan en un circuito? Payasuitos.

¿Sabes por qué un abogado no se puede enfadar? Porque no tiene derecho.

—Tío, ¿qué tal? ¿Dónde estás?
—Te daré tres palabras: sol, arena y cerveza.
—¿Estás en la playa?
—No, soy albañil.

—¿Cómo se declara el acusado?
—Con flores, yo soy muy tradicional.

¿Sabes de dónde sale la porcelana? De las porceovejas.

—Soldado Ramírez, no lo vi ayer en la prueba de camuflaje.
—Gracias, mi capitán.

—¡Paco, estás borracho! A ver, dime de dónde vienes.
—«Paco» viene de «Francisco».

—Hola, ¿está Agustín?
—No, estoy incomodín.

¿Qué le dice una barra de pan a otra? Te presento a una miga.

—Papá, ¿qué está más lejos, Córdoba o la Luna?
—Pero, vamos a ver, hijo, ¿tú ves Córdoba desde aquí?

Me he sacado el título de manipulador de alimentos. Tengo a los plátanos y a las peras totalmente en contra de las fresas.

¿Cuáles son las películas favoritas de las vacas?
Los muuusicales.

La suegra es como los viajes en vacaciones: cuanto más lejos, mejor.

Este era un chiste tan malo tan malo tan malo que pegaba a todos los chistes más pequeños que él.

—¿Me pone un café con leche corto?
—Se ha roto la máquina, cambio.

¿Sabes de dónde vienen los hámsteres? De Hamsterdam.

—Hay algún doctor en la sala?
—¡Yo! Soy doctor en Matemáticas.
—Pero, doctor, mi amigo se está muriendo.
—Uno menos.

¿Cuál es el café más peligroso del mundo? El expreso.

¿Cuál es mayor, un niño de un año o un pollo de un año?
El pollo, porque tiene año y pico.

—Pero ¿usted por qué está hablando con una zapatilla?
—Doctor, ¿no ve que en ella pone Converse?

¿Sabes cuál es el animal que libera al mono? El salmonete.

¿Para qué usa Jack Sparrow un saco de harina? Para pan pan, para pan pan, para pan pan.

¿Qué le dice un árbol a otro? Qué pasa, tronco.

—Hijo, hueles a cerveza.
—Claro, mamá, ¿a qué quieres que huela con el dinero que me has dado? ¿A Gran Reserva?

¿Te cuento un chiste verde rápido? Una lechuga en una moto.

—Soy el genio de la lámpara, te concedo tres deseos.
—Vale, quiero tres ñus.
—¡Concedido! Te quedan dos.
—i¿Me has matado a un ñu?

Pues a mí el médico me dijo que me tenía que tomar tres muestras de orina, pero solo he podido con dos. ¡Sabe horrible!

—Papá, ¿cómo se escribe la palabra «campana»?
—Pues como suena.
—¡Ah, vale! «Tolón, tolón».

¿Cuál fue el último animal en subirse al arca de Noé? El del-fín.

—Oye, Patxi, ¡cómo cortas troncos! ¿Dónde has aprendido?
—En el Sáhara.
—Pero si allí no hay árboles.
—No, ya no.

—Cariño, me molesta que siempre estés hablando mal de tu suegra.

—¿De qué te quejas? Si solo hablo mal de la mía, no de la tuya.

¿Qué le dice el huevo a la sartén? Me tienes frito.

—He estudiado todo el tema, pregúntame lo que quieras.

—Háblame del Tercer Reich.

—¿Cuál, el de la mirra?

¿Qué le dice una manzana a otra cuando se cae del árbol? No te rías, inmadura.

Tengo tres llamadas perdidas de mi oftalmólogo. El de ver me llama.

Si *car* es «coche» en inglés y *men* es «hombre», ¿mi tía Carmen es un *transformer*?

¿Sabes cuál es mi plato favorito? Aquel en el que quepa más comida.

—Cariño, ¿te gusta mi disfraz?

—Sí, amor, eres una vaca muy guapa.

—Pero ¡si voy de dálmata!

Esto es un hombre que entra a un bar de pinchos y… ¡ay, ay, ay!

—¡Ay! ¿Te has caído?
—No, el suelo estaba triste y he ido a darle un abrazo.

¿Sabes qué es México sin tacos? Un país destacado.

Si me tomo un vino a las seis de la mañana..., ¿es tempranillo?

—Te detesto.
—K de «kilo».
—¿Qué dices?
—No sé, has empezado tú.

El otro día fui a buscar libros sobre el cansancio y resulta que están agotados.

—Mamá, el abuelo está malo.
—Pues apártalo y te comes solo las patatas.

¿Qué lápiz puede matar? Lápiz-tola.

¿Cómo se llama la hija de Thor? La torrija.

Conocí a mi novia en el ascensor. Dice que soy el amor de subida.

¿Qué le dice un techo a otro? Techo de menos.

—Cariño, esta noche voy a amarte.
—Por mí como si te vas a Saturno.

Me han echado del grupo de paracaidismo. Se ve que no les caía bien.

—Mira qué reloj me acabo de comprar.
—¿Qué marca?
—La hora.

—¡Niño, echa la primitiva!
—Abuela, ¡a la calle!

NOTAS

Y, como chistes hay infinitos, ¡usa estas páginas para volcar todos los que se te ocurran! Nunca sabes cuándo podrás necesitarlos para romper el hielo.

1. _____

2. _____

3. _____

4. _____

5. _____

6. _____

7. _____

8. _____

9. _____

10. _____

11. _____

12. _____

13. _____

14. _____

15. _____

16. _____

17. _____

18. _____

19. _____

20. _____

21. _____

22. _____

23. _____

24. _____

25. _____

26. _____

27. _____

28. _____

29. _____

30. _____

31. _____

32. _____

33. _____

34. _____

35. _____

36. _____

37. _____

38. _____

39. _____

40. _____

¿CÓMO LIGA UN CUÑADO?

A la hora de ligar, un cuñado (soltero o divorciado) tiene claro qué frases usar para garantizar su conquista. Cuanto más malas sean, mayor efecto surge. ¡Fíjate, fíjate! ¿Te hiciste daño cuando caíste del cielo, ángel?

¿Crees en el amor a primera vista o tengo que volver a pasar?

¿Sabes? Soy electricista, y creo que entre tú y yo saltan chispas.

Quién fuera bizco para verte dos veces.

Me tengo que haber dado un buen golpe, porque estoy viendo una estrella.

¿Eres una araña? Porque he caído en tus redes.

Soy científico, y está claro que entre tú y yo hay química.

Me gusta el café, pero esta noche prefiero tener té.

¿Eres una conexión wifi? Porque siento una conexión entre los dos.

Mi móvil debe de tener algún problema porque no tengo tu número.

Cuidado con los focos, que un bombón como tú se puede derretir.

Me llamo Pablo, pero tú puedes llamarme cuando quieras.

Ya estoy aquí, ¿cuáles eran tus otros dos deseos?

¿Me prestas un beso? Prometo devolvértelo.

¿Qué hace un lugar como este alrededor de una chica como tú?

¿Nos conocemos? Porque te pareces mucho a mi futura pareja.

¿Eres oculista? Porque no puedo dejar de mirarte.

¿Te gusta el agua? ¡Perfecto, ya te gusta un 70 por ciento de mí!

¿Vives en un museo? Porque eres una obra de arte.

¿Sabes cuánto pesa un oso polar? Lo suficiente para romper el hielo: ¿qué tal?

¿Eres atleta? Porque llevas todo el día dando vueltas por mi mente.

¿No me conoces? Será que solo te he visto en mis sueños.

No soy perro, pero guau.

¿Piensas pagar el alquiler? Porque vives en mi corazón desde que te vi.

¿Te gustan los chicos malos? Porque soy malo en todo: en el amor, en el trabajo, en la vida...

No sabía que era asmático, es que me has dejado sin aliento.

¿Tu padre es un pirata? Porque tú eres un tesoro.

¿Eres ron? Porque me has subido a la cabeza.

No soy ingeniero, pero me las ingeniaría para verte más a menudo.

¿Tienes un diccionario? Me he quedado sin palabras al verte.

Si Colón te viera, diría: «¡Santa María! Qué Pinta que tiene la Niña».

¿Eres una cámara? Porque, cada vez que te miro, sonrío.

¿Vives en un castillo? Porque eres toda una reina.

Se me ha roto la cama, ¿puedo dormir contigo?

¿En qué parada me bajo para llegar a gustarte?

¿Me puedes dar un pellizco? Creo que estoy soñando.

¿Eres maga? Porque, cuando te miro, todo lo demás desaparece.

¿Hay un aeropuerto cerca o es mi corazón despegando?

¿Eres el 10 de octubre? Porque eres un diez de diez.

¿Eres una bruja? Porque eres pura magia.

Soy un viajero en el tiempo, porque puedo verte en mi futuro.

¿Te presentas a las elecciones? Porque eres un partidazo.

¿Eres un préstamo bancario? Porque tienes todo mi interés.

Oye, ¿cómo te llamas? Para ponerte en mi carta a los Reyes Magos.

¿Eres cardióloga? Porque se me ha parado el corazón al verte.

¿Te llamas Google? Porque eres todo lo que estoy buscando.

¿Te llamas IKEA? Porque me he perdido en tu mirada.

¿Te gusta *Star Wars*? Porque a mí me gusta Star contigo.

Si te multan por exceso de belleza, yo te pago la fianza.

Estudio Derecho solo para ir derechito a tu cuarto.

Disculpa, ¿tienes hora? Es que quiero recordar el momento exacto en el que te conocí.

Que alguien llame a Disney, porque se les ha perdido una princesa.

El límite de velocidad es de 50, pero tú me has puesto a 100.

¿Te has perdido? Porque el cielo queda un poco lejos.

¿Qué hace una estrella como tú volando tan bajo?

¿Eres una almohada? Porque solo quiero dormir contigo.

¿Eres ecologista? Porque tengo ganas de plantarte un beso.

Mi color favorito es el verte.

¿Acaba de salir el sol o me has sonreído?

No soy donante de órganos, pero te daría mi corazón.

Creo que se te ha caído un papel... Sí, el que te envuelve, bombón.

No soy una calculadora, pero siempre puedes contar conmigo.

NOTAS

1. _____

2. _____

3. _____

4. _____

5. _____

6. _____

7. _____

8. _____

9. _____

10. _____

Todo cuñado sabe más de lo que dice, ¿o era al revés? Dice más de lo que sabe. Pero, en el fondo, ¿quién no le va a tener cariño a esa persona que siempre está por encima de ti en cualquier tema de conversación? Es hora de que tú también reconozcas que tienes cuñados. Cuñados de confianza, que no implica que tengan que serlo de sangre. Ya sabes de qué clase de amiguete hablamos. Valóralo y elógialo con esta recopilación de momentazos.

Mi cuñado se sabe tan bien el himno de España que te puede recitar la letra de memoria.

Le estaba contando una serie a mi cuñado, y me ha revelado la segunda temporada antes de que haya salido.

Mi cuñado es tan manitas que, en lugar de arreglarme el grifo de la cocina, me ha montado una fuente.

Si mi cuñado estuviera en un tiroteo, moriría apuñalado.

A mi cuñado le gusta la Fórmula 1 desde antes de que naciera Fernando Alonso.

A mi cuñado le gusta tanto el fútbol que, cuando vemos partidos juntos, se pone la radio en la oreja para poder cantar el gol antes que nadie.

Mi cuñado es tan listo que, cuando jugamos al ajedrez, baraja las piezas para despistar.

Mi cuñado se sabe la canción del verano en enero.

Mi cuñado compra el marisco en la Atlántida.

Mi cuñado conoce a Penélope Cruz desde antes de que existiera Alcobendas.

Mi cuñado es más bruto que un vasco.

Mi cuñado no tiene miedo a las alturas, ¡las alturas le tienen miedo a él!

Mi cuñado hasta sabe quién mató a J. F. K.

Mi cuñado sabe montar un mueble de IKEA sin instrucciones.

Mi cuñado come el bocata directamente en el agua para no tener que hacer las dos horas de digestión.

Mi cuñado ya se ha comprado el iPhone 20.

Mi cuñado es tan listo que sabe cómo acaba el número π.

Mi cuñado sabía ya en 2023 que íbamos a ganar la Eurocopa masculina 2024.

Mi cuñado no hizo una carrera universitaria, hizo una maratón.

Mi cuñado es tan tacaño que se queda con los dientes de su hijo para que el ratoncito Pérez le dé las monedas a él.

Mi cuñado es tan bueno que dice que, cuando muera, se sentará a la izquierda de Dios, que está el hueco libre.

Mi cuñado sabe tanto de economía que se llama a sí mismo «asesor de sobremesa».

Mi cuñado se pone a hacer la barbacoa antes de que hayan matado al cerdo.

Mi cuñado sabe que es *spam* antes de que suene el primer tono de llamada.

El hijo de mi cuñado no venía con un pan debajo del brazo, venía con una tarta Pavlova ya lista para comer.

El perro favorito de mi cuñado es el perro del hortelano, porque ni come ni deja comer.

Mi cuñado es más inútil que la H intercalada.

Mi cuñado es tan diferente que, en lugar de tener un apéndice, ¡tiene dos!

Mi cuñado sabe el nombre de la fruta verde que lleva el roscón de Reyes.

Mi cuñado tiene tan mal genio que solo le concede un deseo.

Mi cuñado ya sabe en septiembre cuál es el vestido de las campanadas de la Pedroche.

Mi cuñado usaba Forocoches antes de que existiera internet.

Mi cuñado no tiene un Seiscientos, tiene un Setecientos.

Mi cuñado es tan *boomer* que me llegan sus mensajes por fax.

Mi cuñado ya sabe quién será el próximo papa.

Mi cuñado sabe que la Tierra no gira alrededor del Sol, sino alrededor de él.

Mi cuñado es tan tonto que barre playas en su tiempo libre.

Si los *influencers* se levantan a las cinco de la mañana para ser productivos, mi cuñado se levanta a las tres y media y le sobra tiempo.

Mi cuñado ya ha visto la victoria trigésimo cuarta de Fernando Alonso.

A mi cuñado le gusta el Tour de Francia desde antes de que se inventara la bicicleta.

Mi cuñado dice que se hizo el Camino de Santiago tan rápido que no le dio tiempo a recoger la compostelana.

Todas las mascotas de mi cuñado tienen pedigrí: el perro, el gato ¡y hasta el pez!

Mi cuñado todavía revela las fotos porque sabe que lo del internet no va a durar para siempre.

Mi cuñado fue el primer entrenador de Rafa Nadal.

Mi cuñado compró un piso en Benidorm antes de que existiera la jubilación en España.

Mi cuñado le hace las escenas de acción a Tom Cruise.

Cuando mi cuñado rompe con alguien, lo hace tan bien que la otra persona es la que acaba pidiendo perdón.

NOTAS

Y, como los cuñados son inmejorables, seguro que el tuyo todavía logra hacer (bueno, decir) algo aún más impresionante que lo leído anteriormente. ¡Apunta, apunta! ¡No se te vaya a olvidar!

1. _____

2. _____

3. _____

4. _____

5. _____

6. _____

7. _____

8. _____

9. _____

10. _____

LOS
IMPRESCINDIBLES
DEL
CUÑADO

Si has llegado hasta aquí, ya sabes todo lo que necesitas para ser un buen cuñado, y también sabes que existen muchas especies dentro de este gran ecosistema cuñadil. A un cuñado se lo detecta por lo que se pide en un bar, por el chiste malo que suelta ante una situación incómoda o por las actividades que lleva a cabo. Y estos son sus objetos imprescindibles (aunque, reconócelo: ya los tienes todos, ¿no?)

1 **Una cartera abultada.** Ya sea por calderilla o por billetes, una buena cartera vieja, abultada y con algún carnet de socio de un equipo de fútbol no puede faltar en el *starter pack* de un cuñado.

2 **Una funda de móvil con tapa.** Aunque esto solo es aplicable a los cuñados por encima de los cuarenta y cinco años, una tapa para cubrir la parte táctil del móvil es imprescindible. ¿Y lo bien que quedas cuando tienes que apartártela de la cara al coger una llamada?

3 **Una buena camisa.** Esto no necesita explicación: una buena camisa puede llevarte a cualquier parte.

4 **Un llavero extravagante.** Ya sea porque es el recuerdo de Albacete de hace diez años, por llevar la bandera de España en un toro de metal o por contar con el siempre importante abridor de botellines, aquí lo esencial es que tu llavero imponga: o bien por el ruido de las llaves, o bien por los complementos.

5 **Una buena camisa... abierta.** Esta es la variante de verano con la que puedes acceder a cualquier bar, porque técnicamente vas vestido; pero llevas todo el pecho al aire para ventilar.

6 **Unas zapatillas más caras que las del resto.** Ya sean de deporte, chanclas o botas de montaña, tú siempre tienes las mejores. Y, claro, las mejores salen más caras. Aunque tú tienes un amigo que te las ha conseguido a mitad de precio, ¿a que sí?

7 **Marcas del sol.** Ya hemos comentado que tú no te echas protección solar como el resto de los mortales, así que, en verano, las marcas evidentes del sol en la cara y los hombros son un *must*.

8 **Un buen reloj.** Lo primero es impresionar, luego ya hablamos de si te acuerdas de leer las horas con agujas.

Y, ahora, si te atreves, intenta dibujar aquí a tu cuñado. Bueno, o, si eres un cuñado orgulloso (a estas alturas del libro, ya deberías serlo), atrévete a dibujar tu autorretrato. Cuanta más caricatura contenga el dibujo, ¡mejor! ¿Lleva todos los imprescindibles previamente mencionados?

Como un buen libro no solo entretiene, sino que también aporta, usa estas últimas páginas para escribir todo lo que tu sentido de la integridad no te deja decir en público. O todo lo que piensas de tu cuñado...

DIPLOMA DE CUÑADO

Enhorabuena, has completado todo el libro *CUÑADISMO*.

Puedes cumplir el honor de firmar el diploma que aquí figura para graduarte como un buen cuñado.

Por la presente, el libro *CUÑADISMO* hace entrega

a D. _____

del título de Cuñado Oficial, con un nivel de _____.

A partir de ahora, tiene licencia para bromear en fiestas, cenas, eventos y la consulta del médico (válida esta última solo una vez al año).

Firmado: _____

Fecha: _____